Einleitung zu Teil 2

Die ausführliche Erörterung der theoretischen Grundlagen von 2 Elementen des 3-teiligen Therapieangebots in den Gruppenstunden (Bewegungstherapie und entspannende Methoden) in Teil 1 war aus folgenden Gründen unvermeidlich:

1. Die 3 Teile haben sehr unterschiedliche Ausbildungsvoraussetzungen, die heute kaum bei einem Arzt in gleicher Ausprägung und Wertigkeit – von der Sportphysiologie bis zur Gruppenpsychotherapie – gegeben sind.

2. Jede Einseitigkeit in der ärztlichen Führung der ambulanten Koronargruppen muß dem Koronarkranken mögliche therapeutische Hilfen vorenthalten.

3. Die unvermeidliche Polarität zwischen den Neigungen (z. B. überwiegend Sportmediziner oder überwiegend Psychotherapeut) und den Verpflichtungen des ärztlichen Gruppenleiters wird durch ein ausgewogenes Wissen und das Bemühen um ein neues Rollenverständnis verringert.

4. Viele der noch häufigen Mißverständnisse bezüglich jeder kardiologischen Rehabilitation können durch bessere Information über die Grundlagen vermieden werden.

Der 2. Teil behandelt nun theoretisch und praktisch jenen 3. Bereich, der in der bisherigen ärztlichen Ausbildung erfahrungsgemäß zu kurz kommt (Das Gruppengespräch). Das Inhaltsverzeichnis dieses 2. Teiles nennt die Stichworte, mit denen sich der ärztliche Gruppenleiter auseinandersetzen muß, um Erfolg und Befriedigung bei der Gruppenarbeit zu erfahren.

Carola Halhuber

Rehabilitation in ambulanten Koronargruppen

Ein humanökologischer Ansatz

Teil 2

Das Gruppengespräch

Mit einem Beitrag von Norbert Wrana

Springer-Verlag Berlin Heidelberg GmbH 1980

Dr. med. Carola Halhuber
Höhenried
8131 Bernried/Obb.

Redaktion:
Angelika Langsdorf
Von-der-Tann-Str. 14 a
8130 Starnberg

Additional material to this book can be downloaded from http://extras.springer.com

3-bändige Sonderausgabe des in Band 13 der Reihe „Rehabilitation und Prävention" erschienenen Bandes „Carola Halhuber, Rehabilitation in ambulanten Koronargruppen".

ISBN 978-3-662-40584-0

CIP-Kurztitelaufnahme der Deutschen Bibliothek
Halhuber, Carola:
Rehabilitation in ambulanten Koronargruppen : e. humanökolog. Ansatz / Carola Halhuber. Mit e. Beitr. von Norbert Wrana. – Berlin, Heidelberg, New York : Springer; Heidelberg : Stiftung Rehabilitation, 1980.
(Rehabilitation und Prävention; 13)

ISBN 978-3-662-40584-0 ISBN 978-3-662-41062-2 (eBook)

DOI 10.1007/978-3-662-41062-2

Ursprünglich erschienen bei Springer-Verlag Berlin Heidelberg New York 1980

Satz: Fotosatz GmbH, Beerfelden

2121/3140-543210

Angelika, Milovan,
Djurdja, Carolin und Jan
gewidmet

Einleitung

Einleitend müssen wohl Anliegen, Vorhaben und Aufgabe dieses Buches in der gesundheitspolitischen Landschaft Mitteleuropas „geortet" werden: Etwa die Hälfte aller Kranken sind chronisch krank (Zusatzbefragung zum Mikrozensus im Jahre 1973), und die Zahl der Behinderten beträgt – Schätzungen zufolge – mindestens 4,5 Millionen (= 7,5%) der Gesamtbevölkerung.

Der Anteil rehabilitationsbedürftiger Patienten, die aus der klinischen Akutbehandlung entlassen werden, wird auf 10 bis 25% geschätzt (Blumenthal-Jochheim, 1976). Diese Daten vermitteln – ungeachtet der Einwände gegen sie – zumindest einen Eindruck von der Größenordnung des Problems.

Angesichts des Wandels im Krankheitspanorama von den akuten Infektionskrankheiten zu den chronischen, verhaltensabhängigen Krankheiten wird die Rehabilitation chronisch Kranker und Behinderter zum zentralen Problem der Medizin, der Sozialwissenschaften und der Gesundheitspolitik – ja, eigentlich jeden Arztes und letztlich jedes Betroffenen – in allen hochentwickelten Industriegesellschaften. Diese Aufgabenstellung wird in Forschung, Lehre und Praxis bisher nur langsam erkannt und berücksichtigt. Noch weisen Zahlenangaben über chronische Krankheiten und Behinderungen eine erhebliche Streubreite auf, da eine allgemein akzeptierte Definition von chronischer Krankheit und Behinderung nicht existiert, ebensowenig wie eine eindeutige und einheitliche Definition des Begriffes „Rehabilitation" (Blumenthal-Jochheim 1976; Christian 1976).

Trotz der sozialmedizinischen Bedeutung, die dem Herzinfarkt hinsichtlich Mortalität und Morbidität zukommt, ist die Zahl der durchgeführten stationären Rehabilitationsmaßnahmen im Vergleich zu anderen Krankheitsbildern gering: 1974 wurden von insgesamt 851 830 medizinischen Rehabilitationsmaßnahmen nur 73 441 wegen Zustandes nach Herzinfarkt durchgeführt. Fast die Hälfte der Rehabilitanden war zwischen 50 und 60 Jahre alt, nur 8981 der Rehabilitanden waren Frauen. 2773 der Betroffenen konnten aus gesundheitlichen Gründen ihre berufliche Tätigkeit weder fortsetzen noch eine andere aufnehmen. Von insgesamt 147 244 beruflichen Rehabilitationsmaßnahmen entfielen 3513 auf Patienten mit Herzinfarkt: 3308 der Maßnahmen kamen Männern und nur 205 der Maßnahmen Frauen zugute (Daten des Gesundheitswesens, 1977). Die stationäre Rehabilitation als Teilsystem der sozialen Sicherung ist, obwohl weitgehend gesetzlich fixiert und institutionalisiert, offenbar weniger lückenlos realisiert als anzunehmen wäre. Stationäre Rehabilitation erfolgt oft weitab vom Lebens- und Arbeitsbereich des Betroffenen, d. h. die Bewältigung chronischer Krankheit und einer damit verbundenen Behinderung findet nicht unter Alltagsbedingungen statt (Badura 1979). Während aber bei anderen chronischen Krankheiten über Organisation, Ausgestaltung und Durchführung einer ambulanten Rehabilitation und Nachsorge am Wohnort kaum konkrete Vorstellungen bestehen, hat sich für die Gruppe der Herzinfarkt-Betroffenen bzw. Koronarkranken die ambulante Koronargruppe, der Koronar-(Sport-)Club, als Modell entwickelt.

Entsprechend den Empfehlungen der WHO und der Internationalen Gesellschaft für Kardiologie wurden in der Bundesrepublik neben und im Anschluß an stationäre Rehabilitationsmaßnahmen seit 1971 ambulante Koronargruppen aufgebaut, die sich in jüngster Zeit in Trainingsgruppen, Übungsgruppen, Seniorengruppen und Gruppen zur primären Prävention differenzieren. Sie alle können – über den Herzinfarkt und die koronare Herzkrankheit hinaus – als Modell für eine gezielte, langfristige, mehrdimensionale, interdisziplinäre Gruppen-Nachsorge am Wohnort bei chronischer Krankheit oder Behinderung gelten.

Diese Entwicklung, die ihre Parallele einerseits im angloamerikanischen Sprachraum in den sog. „Anticoronary Clubs" hat, in der Bundesrepublik andererseits im Aufbau der sozialpsychiatrischen Dienste für psychisch Kranke, verlief in der Pionierphase langsam und zögernd: von 1969 bis 1978 wurden in der Bundesrepublik nur etwa 88 Gruppen aufgebaut (Krasemann 1978). Seit 1978 beobachten wir eine geradezu stürmische Entwicklung mit Verdoppelung der Gruppenzahl auf 160 Gruppen bis Mai 1979 und zunehmender Differenzierung (Traenckner 1979).

Die Ansiedelung dieser Gruppen, vor allem in Sportvereinen, bedeutet einerseits eine Ausweitung der medizinischen Rehabilitation über spezifische Rehabilitationseinrichtungen oder Rehabilitationsabteilungen an Krankenhäusern hinaus in Organe der Freizeitgestaltung einer pluralistischen Gesellschaft, ohne „medizinischen Beigeschmack". Andererseits bedeutet dies eine Ausweitung der Breitensport-Idee auf Behinderte, chronisch Kranke, bedingt Gesunde und Alte.

Allerdings erfordert die multifaktorielle Genese des Herzinfarktes mit seinen meist nicht nur somatischen, sondern auch psychosozialen Folgen nicht nur in der stationären Rehabilitation, sondern auch in den ambulanten Koronargruppen ei-

nen interdisziplinären, human-ökologischen Therapieansatz, der bewegungstherapeutische, pharmakotherapeutische, diätetische, gesundheitserzieherische, gruppenpsychotherapeutische, gesprächstherapeutische und sozialmedizinische Aspekte integriert. Dabei muß in der Wahl der Therapieverfahren patienten-(nicht methoden-)zentriert vorgegangen werden.
Dies alles kann der engagierte Arzt nicht allein leisten, auch wenn er bereit ist, die Grenzen des eigenen Fachgebietes zu erweitern und zu überschreiten und den Therapieansatz in der ambulanten Koronargruppe – im weitesten Sinne – anthropologisch zu sehen. Keimzelle eines wünschenswerten interdisiziplinären Teams, das Psychotherapeuten, Psychologen, Krankenschwester und Diätassistentin mit einschließt, sind Arzt und Bewegungstherapeut (Übungsleiter, Krankengymnast, Gymnastiklehrerin, Sportpädagoge). Entsprechend den Modellvorstellungen eines integrierten sozialen Dienstes seitens der Krankenkassen sollte auch der Sozialarbeiter in dieses Team einbezogen sein.
Da der Herzinfarkt an der Spitze der Todesursachen steht und eine wesentliche sozialmedizinische Rolle als Ursache von Arbeitsunfähigkeit, stationärer Heilbehandlung (ungefähr 250 000 Neuerkrankungen jährlich!) und vorzeitiger Berentung spielt, erscheint es folgerichtig, daß gerade Koronargruppen die Schrittmacherfunktion für neue Modelle ambulanter Rehabilitation auch bei anderen chronischen Krankheiten übernehmen. Es ist anzunehmen, daß die hier gewonnenen Erfahrungen auf andere Formen chronischer Krankheit oder Behinderung mit geringfügigen Modifikationen übertragbar sein werden. Ambulante Koronargruppen arbeiten heute im gesundheitspolitischen Spannungsfeld zwischen Krankenhaus, Rehabilitationsklinik, niedergelassenen Ärzten bis hin zu den Selbsthilfegruppen. Die ambulante Rehabilitation hat ebensoviele Beziehungen zur Medizin bzw. Kardiologie wie zu den Sozialwissenschaften. In ambulanten Koronargruppen wird man auf lange Sicht der Aufgabenstellung nur gerecht werden, wenn medizinische und sozialwissenschaftliche Aspekte integriert werden.
Diese Schrift will Ärzte und „Primärtherapeuten" (Übungsleiter, Sport- und Gymnastiklehrer, Krankengymnastinnen, Gesundheitserzieher, Sozialarbeiter, Diätassistentinnen), die sich mit Koronarkranken befassen, über den derzeitigen Stand dieser neuen Form der Gruppentherapie im Rahmen der kardiologischen Rehabilitation und Zweitprävention informieren und potentielle Gruppengründer und Mitarbeiter motivieren. Ich fühle mich zu dieser Bestandsaufnahme dadurch legitimiert, daß ich die praktischen Probleme der Gründung, Organisation und Leitung solcher Koronargruppen als Ärztin in einem Kreiskrankenhaus selbst konkret erfahren habe. Eine

Besonderheit dieser Erfahrung ist wohl darin zu sehen, daß ich in der Intensivstation dieselben Koronarkranken zuerst in der akuten Notfallsituation behandelt habe, die ich anschließend in Zusammenarbeit mit den Hausärzten in der Gruppe langfristig betreute. Außerdem habe ich schon seit 1964 in der Tradition meines Vaters, Hans Malten, die Rehabilitation von Infarktkranken in ambulanten Gruppen in Baden-Baden gepflegt.

Die Inhaltsübersicht dieser Zusammenstellung war auch der Themenkatalog für zwei Werkstattgespräche unter meiner Moderation 1978 und 1979 an der Klinik Höhenried. Ergebnisse jener Diskussionen sind in dieses Buch eingearbeitet worden. Es will aber mehr und anderes sein als ein Verhandlungsbericht, nämlich eine zusammenfassende Darstellung konkreter Handlungsanweisungen und praktischer Problemlösungen, die sonst in verschiedenen Schriften zusammengesucht werden müssen. Es gibt heute schon einige Monographien zu diesem Thema, deren Schwerpunkte aber anders verteilt sind als in diesem Buch, z. B.:

1. Hopf R, Kaltenbach M, Petersen P (1977) Bewegungstherapie für Koronarkranke. Urban und Schwarzenberg, München Wien Baltimore
2. Krasemann EO (1977) Herzinfarkt-Rehabilitation – sozialmedizinische Analysen und Vorstellungen, Vorschläge zur organisatorischen Verbesserung. Perimed, Erlangen
3. Schenk KE (1979) Ambulante Rehabilitation nach Herzinfarkt. Karger, Basel München Paris London New York Sidney

Daß in diesem Buch meine speziellen Erfahrungen, ja auch Neigungen, in der Gesundheits- und Krankheits-„Erziehung“ besonders zu Wort kommen, ist wohl legitim. Ich bin zwar auch Sportärztin, aber Sportlehrer würden vermutlich die Akzente anders setzen.

Ich danke dem ärztlichen Direktor des Kreiskrankenhauses München-Pasing und Chefarzt der Inneren Abteilung, Dr. Hilmar Leiblein, der die beiden Koronargruppen wohlwollend förderte und dem Chefarzt der Anästhesie-Abteilung, Dr. Helmar Breinl, der für die Notfallausrüstung sorgte und dessen „eingespieltes“ Reanimationsteam ich im Hintergrund wußte. Ohne das Engagement und die zuverlässige Mitarbeit von Rosemarie Neuhaus und Ingrid Sterner, Krankengymnastinnen am Kreiskrankenhaus München-Pasing, wären die beiden Koronargruppen nicht realisiert worden. Norbert Wrana, Sozialarbeiter in der Klinik Höhenried der LVA Oberbayern (früher im Kreiskrankenhaus München-Pasing) hat vielen Gruppengesprächen über die medizinische-sozialpädagogische Information hinaus neue Tiefendimensionen gegeben. Ein ganz besonderer Teilnehmer war Jan (12 Jahre),

der abends 50 km weit mit dem Schulranzen auf dem Rücken mit der Bahn fuhr, um an den Gruppenstunden teilzunehmen und der aus seiner Sicht Anregungen dazu gab.
Es liegt mir auch daran, allen Teilnehmern der Koronargruppen als „Mit-Autoren" zu danken, ebenso wie Angelika Langsdorf für die umsichtige und kritische Redaktion dieser Arbeit.
Da in diesem Buch wichtige Möglichkeiten der Arzt-Patienten-Kooperation (Compliance) zur Sprache kommen, war es folgerichtig, daß die pharmazeutische Industrie, die sich schon bisher dieser Problematik angenommen hat, sich auch hier engagierte. Auch dafür möchte ich mich bedanken.

CAROLA HALHUBER April 1980

Inhaltsverzeichnis

Teil 1: Grundlagen des therapeutischen Angebots

Teil 2: Das Gruppengespräch

Teil 3: Praxis der Organisation

Teil 2

Das Gruppengespräch

2.3. Das Gruppengespräch

Neben Bewegungstherapie und Entspannungsübung stellt das Gruppengespräch die dritte Hauptkomponente einer umfassenden Nachsorge (comprehensive care) in ambulanten Koronargruppen dar. Im folgenden soll der Versuch gemacht werden, seine zweifache Zielsetzung darzustellen, nämlich:

- Das Gruppengespräch als Medium der Gesundheitserziehung (Information und Motivation).
- Das Gruppengespräch als Gruppenpsychotherapie.

Außerdem soll die „themenzentrierte Interaktion" in ihrer Doppelfunktion erörtert werden und schließlich sollen einige exemplarische Themen aus dem „Themenkatalog", der sich aus den Bedürfnissen der Teilnehmer ergibt, ausführlicher behandelt werden. Es sind Themen und Probleme herausgegriffen, die Ärzten in ihrer Ausbildung und Fortbildung weniger vermittelt werden, mit denen sie sich aber in der ambulanten Koronargruppe konfrontiert sehen.

2.3.1. Das Gruppengespräch als Medium der Gesundheitserziehung

Gesundheitserziehung oder Gesundheitsbildung als wichtiger Teilaspekt der Aufgaben von ambulanten Koronargruppen muß

- den Teilnehmer informieren, und die Information muß auch verstanden werden
- den Teilnehmer motivieren und dabei oft weite Bereiche seines Einstellungssystems verändern (mit seinem kognitiven, affektiven und Handlungs-Bereich)
- beim Teilnehmer die Bereitschaft zu einem spezifischen Verhalten schaffen, das Verhalten inaugurieren und einüben
- die soziale Umwelt des Patienten mitmodifizieren.

Erreichen wir in den bestehenden Koronargruppen auf den derzeit üblichen Wegen dieses Ziel, und wenn ja mit welchen Mitteln? Oder trägt uns unser eigenes Engagement und die Begeisterung „treuer" Teilnehmer über die Einsicht hinweg, daß möglicherweise mehr zu erreichen wäre, und daß wir zu wenig wissen, warum andere unseren Koronargruppen plötzlich fernbleiben?

J. v. TROSCHKE (1978) nannte als Ursachen der geringen Effektivität der herkömmlichen Gesundheitserziehung:

1. Das Theoriedefizit

- Individualisierung negativen Gesundheitsverhaltens
- Isolierung der Lehrziele (z. B. Körpertraining)
- Unklare Kausal-Ketten: Verhalten → Krankheit
- Negativ-Ziele (z. B. Nichtrauchen)
- Diffuse Positiv-Ziele (z. B. lang leben).

2. Das Methodendefizit

- Vorurteile
- Besserwissende und autoritär-belehrende Attitüden der „Lehrenden"
- Passiv rezeptive Position des Lernenden
- Soziale Distanz zwischen „Lehrenden" und „Lernenden"
- Fehlende Verhaltens-„Vorbilder"
- Sanktions-Fixierung
- Wissensvermittlung ohne Verhaltensbezug
- Einstellungsbeeinflussung ohne Verhaltensumsetzung
- Konkurrenz zur Industriewerbung.

Als Alternative schlägt er folgendes Konzept vor (Tabelle 9).

Wenn auch vor allem im Bereich des Methodendefizits die verhaltensbezogene, aktiv einübende Gesundheitserziehung in den Koronargruppen der rein verbalen Gesundheitserziehung in der Sprechstunde oder am Krankenbett wohl überlegen ist, so sollen hier doch einige häufig beobachtete Fehler in der Gesundheitserziehung aufgelistet werden, zumal sich die Frage, wie Gesundheitsbildung *nicht* praktiziert werden soll, vom Negativen her leichter beantworten läßt als die Frage, wie dies zu geschehen habe.

Gesundheitserziehung – wie nicht?
(HALHUBER 1976)

- Mit Ideologie und Fanatismus
- Mit Überschätzung der ärztlichen Autorität
- Mit isolierter Information
- Mit Verkennung der sozialen Sprachbarrieren
- Mit naivem Furchtappell
- Mit „overrestriction"
- Mit mangelnder Glaubwürdigkeit des Arztes als Lehrer

Aus Raumgründen kann ich hier nur auf den *Furcht-Appell* (Fear-appeal) näher eingehen: In allen Bereichen der Gesundheitserziehung, z. B. bei der Raucherentwöhnung, der Kariesprophylaxe, aber auch in Infarktsportgruppen liegt es nahe, in der Vorstellung, der Zweck heilige die Mittel, dem Patienten die möglichen Folgen seines gesundheitswidrigen Verhaltens vor Augen zu führen. Mangels besserer didaktischer Methoden verlassen wir uns oft auf den Furchtappell, ein Mittel repressiver Pädagogik, mit dem in der traditionellen Gesundheitserziehung allzu oft unreflektiert gearbeitet wird. Wir sind irritiert, wenn wir damit nicht die angestrebte Einstellungs- bzw. Verhaltensänderung erreichen, sondern eine defensive Reaktion: Die Gesundheitsinformation wird zurückgewiesen.

> Furcht hat als Motivator für ein bestimmtes gesundheitliches Verhalten einen erstaunlichen ambivalenten Effekt. Sie kann beides: Einstellungs- und Verhaltensänderungen fördern oder aber verhindern.

Die Richtung des Effektes ist von zwei Grundvoraussetzungen abhängig, und zwar vom Selbstwertgefühl einerseits und vom Gefühl der Verletzbarkeit, der Vulnerabilität des Adressaten andererseits.

> Bei Infarktpatienten ist durch das akute Ereignis das Selbstwertgefühl oft herabgesetzt und die Vulnerabilität gesteigert, auch wenn dies in der äußeren „Fassade“ nicht zur Schau getragen wird.

Amerikanische sozialpsychiatrische Untersuchungen ergaben, daß nur schwache Furchtappelle Interesse wecken können, während starke einen „Bumerangeffekt“ haben, d. h., sie verstärken die Verhaltensweisen, zu deren Beseitigung sie eingesetzt wurden. Der Furchtappell muß also, *wenn überhaupt*, in der ambulanten Koronargruppe besonders vorsichtig dosiert und dem reduzierten Selbstwertgefühl unserer Patienten angepaßt werden.

Tabelle 9. Konzept einer problem-adäquaten Beeinflussung des Gesundheitsverhaltens. (Modifiziert nach J. v. Troschke 1978)

Gesundheitsschädigendes Verhalten	Lehrziele gesundheitsfördernder Verhaltensweisen	Methoden zur Vermittlung der Lehrziele
Verdrängung der eigenen Körperlichkeit	Körperbewußtsein und Freude an der körperlichen Bewegung	Autogenes Training, Meditationsübungen, Gymnastik, Körperspiele
Unmäßiger Genußmittelkonsum	Mäßiger Genuß der sog. Genußmittel (Alkohol, Süßigkeiten, „gutes“ Essen, Kaffee etc.)	Individuelle Verhaltensanalyse, Gruppengespräche, Genußtraining
Anti-regeneratives Freizeitverhalten	Regenerationsfördernde Freizeitgestaltung (Entspannung, kreatives Spielen, familienbezogene Aktivitäten etc.)	Individuelle Verhaltensanalyse, Gruppengespräche, Verhaltensübungen und Pläne
Über- bzw. Unterforderung der Leistungsfähigkeit (Streß)	Erfolgreicher, den individuellen Kräften angemessener Einsatz der persönlichen Fähigkeiten	Selbsterfahrung, Gruppenübungen
Unreife Reaktionen auf soziale Konflikte (verleugnen, ausagieren, umleiten, Ersatzbefriedigungen etc.)	Bewußte und adäquate Anwendung verschiedener Techniken der Konfliktbewältigung (Verdrängen, offenes Austragen, sachliche Diskussion, Aushandeln von Kompromissen etc.)	Individuelle Verhaltensanalyse, Gruppengespräche, gruppendynamische Konfliktübungen, Rollenspiele
Frustrierendes Kommunikationsverhalten	Befriedigende Kommunikation mit Eltern, Ehepartnern, Kindern, Verwandten, Kollegen, Vorgesetzten, Untergebenen, Freunden, Bekannten, Nachbarn, Ärzten	Selbst- und Fremderfahrung, Kommunikationsübungen

> Wird die koronare Herzkrankheit als verhaltensabhängige, chronische Krankheit gesehen, so muß Verhaltensänderung in Richtung auf eine „gesündere" Lebensweise ein wichtiges Ziel jeder Sekundärprävention sein.

Eine der Voraussetzungen für die angestrebten Verhaltensänderungen beim Patienten ist seine umfassende Information über jene neue, ihm oft so fremde Lebensweise, die er kennen und anerkennen lernen, d. h. in Zukunft beibehalten soll. Natürlich ist Wissen nicht identisch mit Einstellungs- oder gar Verhaltensänderung, aber eine ausreichende Information ist ein Teil jeder Motivation. Arzt und Übungsleiter sollten nicht unterschätzen, wieviel Sachwissen von den Teilnehmern der Gruppengespräche erworben werden muß, wie fremd ihnen die Materie eigentlich ist, welche komplexen Zusammenhänge verstanden werden müssen, aber auch, daß oft psychische Gegebenheiten (Widerstände) der Aneignung und „Verarbeitung" des Materials im Wege stehen und Einstellungsänderungen bzw. den Aufbau neuer Verhaltensstrukturen verhindern. Wir sollten daher den Wert der Information, also der Wissensvermittlung an die Teilnehmer im Gruppengespräch nicht über-, aber auch nicht unterschätzen.

Information erfolgt übrigens in zwei Richtungen: Arzt und Krankengymnastin oder Übungsleiter erfahren „als Gegengabe" auch etwas über die Realisationsmöglichkeiten und -probleme einer gesünderen Lebensweise für jeden Teilnehmer in dessen individueller Umwelt, über den Einfluß von Gruppennorm und Gruppendruck, denen Patienten ausgesetzt sind, wenn sie eingefahrene Lebensgewohnheiten, z. B. in der Familie, im Freundeskreis, am Arbeitsplatz, verändern wollen. Dabei ist auch die unsichtbare Bezugsgruppe von Bedeutung, zu der der Betroffene gerne gehören möchte.

Trotz vollzogener Einstellungsänderung (z. B. im Krankenhaus oder in der Rehabilitationsklinik) unterwirft sich der Patient rasch wieder dem jeweils herrschenden Normwertsystem, wenn es uns nicht gelingt, – mehr als bisher – auf seine Bezugsgruppen einen gesundheitserzieherischen Einfluß zu nehmen. Dann geraten unsere Patienten außerhalb der ambulanten Koronargruppe, die auch die Funktion einer normensetzenden Bezugsgruppe hat, in eine soziale Isolierung: ist der Infarktpatient in der Leistungsgesellschaft doch bei aller sozialen Sicherheit allein durch die Tatsache seines Krankseins, der zeitweiligen oder gar dauernden Arbeitsunfähigkeit in hohem Maße isoliert. Hinzu kommt, als weiterer Isolierungsfaktor eine gesundheitsgerechte und damit unübliche Lebensweise. Wer von uns hätte da nicht die Tendenz, in alte Verhaltensweisen zurückzufallen und eine gewisse kognitive Dissonanz, die beunruhigende Diskrepanz zwischen Einsicht, Wollen und Können mit „schlechtem Gewissen" zu ertragen?

Unter diesem Aspekt sollte das sog. Gruppengespräch also nicht nur Medium einer frontalrationalen Information in Richtung Arzt – Patient im Sinne des traditionellen Arztvortrages sein, sondern viel mehr: Im Wechselgespräch mit Mitbetroffenen und Fachberatern (Arzt, Übungsleiter, Krankengymnastin, Diätassistentin, Sozialarbeiter) kann jeder einzelne neue Gesundheitseinstellungen kennenlernen, diskutieren, Vor- und Nachteile gegeneinander abwägen, sich zu eigen machen oder Alternativen suchen. Neue Verhaltensweisen können vorgestellt und dann in der Gruppe und im Alltag ausprobiert werden. Erfolge und Schwierigkeiten dabei können wieder in das Gruppengespräch eingebracht werden, ein Feedback, das für Ärzte, Übungsleiter und Mitpatienten eine dauernde, erfahrungserweiternde Realitätskorrektur darstellt.

Zurück zum Informationsgespräch als Medium der verbalen Gesundheitserziehung in der ambulanten Koronargruppe. Häufigkeit und Form sind in den einzelnen Gruppen heute noch sehr unterschiedlich: Sie reichen von der 5- bis 10-Minuten-Information, in der im Ablauf eines Vierteljahres ein fester Themenkatalog vom Arzt abgehandelt wird, bis zu fast einstündigen Gesprächen nach Bewegungstherapie und Entspannungsübung, die von den Regeln der themenzentrierten Interaktion (COHN 1975) ausgehen. In anderen Gruppen finden Arztvorträge mit Diskussion, sei es in größeren Abständen, sei es halbstündig vor jedem Treffen, ausschließlich oder zusätzlich zu einem Gruppengespräch statt.

Andere Medien, wie Broschüren, Bücher und Lehrfilme (Liste der Organisationen, die Informationsmaterial zur Verfügung stellen, im Anhang!), die zum Teil eigens für die ambulanten Koronargruppen hergestellt worden sind (Hamburger Modell), werden ebenfalls zur Gesundheitserziehung bzw. Gesundheitsbildung herangezogen. Für die diätetische Information haben sich vielerorts Lehrküchenveranstaltungen und begleitende Diät-Kochkurse bewährt.

Folgende Themenkomplexe wurden von den Teilnehmern meiner beiden Krankenhaus-Gruppen bevorzugt gewählt und bearbeitet:

- Zweck, Dosierung und Nebenwirkungen von Medikamenten (vor allem Antikoagulantien)
- Invasive und nicht-invasive Untersuchungen und deren Ergebnisse
- Ziele, Durchführung und Ergebnis der aortokoronaren Bypaßoperation
- Selbstmedikation und „Außenseiterverfahren"
- Ernährung und Gewicht
- Alkohol und Kaffee
- Rauchen und Nichtrauchen
- Hypertonie, Hypotonie, Blutdruckselbstmessung
- Freizeit- und Urlaubsgestaltung
- Häusliches Trainingsprogramm und Sport
- Autofahren und Flugreisen
- Sauna und andere physikalische Therapiemaßnahmen
- Arbeitswiederaufnahme und Berentung
- Umsetzung und Umschulung
- Schwerbeschädigtenausweis und Wiederholungsheilverfahren.

Viele dieser Fragestellungen sind natürlich auch schon im Akutkrankenhaus angeschnitten und in der Rehabilitationsklinik ausführlicher behandelt worden. Aktuell und praktisch wichtig werden sie für viele Teilnehmer jedoch erst nach der Rückkehr in Beruf und individuellen häuslichen Alltag.

Angesichts der Tatsache, daß gesundheitserzieherische Verhaltensänderungen erhebliche Eingriffe in die Lebensgestaltung von Patienten und deren Familien bedeuten, angesichts der Tatsache, daß der Fortschritt von heute oft der Irrtum von morgen ist, sollte sich der ärztliche Gesundheitserzieher in der Koronargruppe besonders häufig und selbstkritisch die Frage stellen, was denn überhaupt gesichert ist in der Sekundär-Prävention, bzw. welche gesundheitserzieherische Zielsetzung im einzelnen besteht. Im folgenden seien solche Fragen formuliert, die der eigenen edukatorischen Gewissenserforschung dienen können:

1. Welche verhaltensabhängigen Risikofaktoren sind für den Reinfarkt und den plötzlichen Herztod gesichert?
2. Können diese Risikofaktoren beeinflußt werden? (Spezifische, unspezifische Beeinflussung?)
3. Wodurch? Wie sehr? Für wie lange? Mit welchem Aufwand?
4. Werden Reinfarkt-Inzidenz, Infarktmortalität, plötzlicher Herztod und Herzinsuffizienz vermeidbar sein oder später auftreten?
5. Wird die Lebensqualität des Patienten steigen?
6. Wird der Effekt groß genug sein, um die somatischen und psychosozialen Unannehmlichkeiten und unerwünschten Nebenwirkungen, die mit Verhaltensänderungen oft verbunden sind, zu kompensieren?

Ich mache an mir selbst und in der ambulanten Koronargruppe immer wieder die Erfahrung, wie leicht wir Ärzte geneigt sind, liebgewordene Lebensgewohnheiten unserer Patienten unspezifisch, pauschal und ohne zeitliche Begrenzung zu verbieten. Welch ein Bündel von Verboten (bundle of don'ts) kommt im Verlauf einer chronischen Erkrankung, während der der Patient von mehreren Ärzten behandelt wird, oft zusammen – Verbote, die nicht eingehalten werden können und nicht eingehalten werden. Der Arzt gerät damit leicht in die Rolle des völlig unrealistischen, nicht ernstzunehmenden Verbieters, eine Rolle, die z. B. ihren Ausdruck findet in dem oft zitierten Rat an den Infarktkranken: „Strengen Sie sich nicht an, regen Sie sich nicht auf und beantragen Sie die Rente!".

Wahrscheinlich müßten sich Ärzte, ehe sie ein sog. „Verbot" aussprechen, mehr als bisher überlegen, was dieses Verbot vor allem für den chronisch Kranken bedeutet und wie gesichert der Kausalzusammenhang zwischen Verhaltensänderung und gesundheitlichem Nutzen ist. Auch scheinen Verbot und Erlaubnis gegenüber den Wünschen von Infarktkranken, gerade im Bereich der Bewegungstherapie und des Sports, oft mehr von den Neigungen, dem Lebensstil und der persönlichen Lebenserfahrung des beratenden Arztes abhängig zu sein als von gesichertem Wissen. Die Frage nach Skifahren, Tennisspielen, Reiten, Saunabesuch wird vom Arzt vor allem dann differenziert beantwortet und letztlich auch eher bejaht, wenn er die in Frage stehende Sportart selbst ausübt und dadurch mögliche Belastungen einerseits und Zugewinn an Lebensfreude andererseits wirklich beurteilen kann.

2.3.2. Das Gruppengespräch als Gruppenpsychotherapie

Neben der Gesundheitsinformation und Motivation hat das Gruppengespräch auch eine psychotherapeutische Funktion. Angst, Depression, Verleugnung und Übermotivation sind häufige psychische Phänomene nach einem Herzinfarkt. Hinzu kommt eine Fülle von äußeren Belastungen und Lebenskrisen, die von den Teilnehmern bewältigt werden müssen und mit Hilfe der Gruppe und des Gruppengespräches besser bewältigt werden können.

Solche seelisch belastenden Ereignisse, die sich 1977 in einer Gruppe ereigneten und jeweils Thema eines Gruppengespräches waren, sind im folgenden aufgelistet:

- Eine Retinablutung unter Antikoagulantientherapie
- Ein Hörsturz
- Bei vier Patienten eine aortokoronare Bypaßoperation mit zwei Transfusionshepatitiden im Anschluß daran
- Eine schwere partnerschaftliche Konfliktsituation durch eine außereheliche Beziehung eines Teilnehmers, die in der Rehabilitationsklinik begonnen hatte und zum Auszug des Patienten aus der Familie führte
- Diagnose und Operation eines Bronchialkarzinomes
- Suizid eines ältesten Sohnes
- Zwei kleinere und ein schwerer Autounfall im Rahmen einer Postinfarkt-Depression
- Mehrere Kündigungen
- Frühe oder vorzeitige Berentungen
- Alkoholmißbrauch
- Diagnose einer Karotisstenose und Aortenklappenstenose bei der Ehefrau eines Teilnehmers, die an der zweiten Operation verstarb
- Eine zerebrale Ischämie mit Aphasie bei der Ehefrau eines weiteren Teilnehmers.

Zu diesen äußeren Ereignissen kommen vielfältige Probleme, die sich aus dem Infarkt ergeben, solche in der Arbeitswelt, mit dem Partner, aber auch Probleme des Identitätsverlustes des einzelnen, der sich nach seinem Herzinfarkt nicht mehr als selbstverständlich gesund, unbeschränkt belastbar und leistungsfähig erlebt.
Der beim ersten Werkstattgespräch über ambulante Koronargruppen in Höhenried 1978 geäußerten Ansicht: „Größere psychische Probleme der Patienten und ihrer Partner hat es auch bei Einzelbefragung bisher nicht gegeben!“ kann ich mich aus meiner Erfahrung nicht anschließen.

Für die Patienten stellt die Möglichkeit, ihre Ängste und Schwierigkeiten aussprechen zu können und zu erfahren, daß sie sie mit anderen teilen, eine spürbare Entlastung von innerem Druck dar. Die Möglichkeit der Verbalisierung in der Gruppe ist ein wichtiger Schritt zur aktiven Bewältigung der somatischen und psychosozialen Beeinträchtigungen, die sonst eher passivleidend erlebt werden.

> Gruppendynamisch entsteht bei vergleichbarem Leidensdruck der Teilnehmer und Lebenspartner eine zunehmende wechselseitige Solidarität, die ein Gegengewicht gegen die unvermeidlichen Isolationsgefühle des Koronarkranken in der Leistungsgesellschaft darstellt.

Die Gruppe wirkt im Sinn der „Selbsthilfegruppe“ stützend, ermutigend, entängstigend, seelisch stabilisierend: steht doch niemand so isoliert da, wie er nach seiner Erkrankung befürchten mußte (bei Höhenrieder Patiententreffen schilderten die Ehefrauen von Herzinfarktpatienten bewegend, wie schwer neben den psychosomatischen Folgen des Herzinfarktes die gesellschaftliche Isolierung zu ertragen sei: man verliere den alten Bekanntenkreis, mit dem man nicht mehr ohne Einschränkung essen, trinken und rauchen könne und auf dem Sportplatz sei man allein). Entwickelt sich eine Koronartrainings- oder -übungsgruppe zur Selbsterfahrungs- und Selbsthilfegruppe hin, so ist der begleitende Arzt immer wieder erstaunt, wie viele Probleme und Konflikte von den Teilnehmern selbst gelöst werden. Diese Entwicklung setzt voraus, daß der betreuende Arzt dynamische Gruppenprozesse kennt, zuläßt, ja fördert und sich nicht in der Rolle des allwissenden Informationsträger in einem einstündigen Frage- und Antwortspiel fühlt und drängen läßt: eine Rolle, die nur kurzfristig befriedigt, zugleich Eigeninitiativen lahmlegt, die Patienten passiviert und zur Regression bringt. Woher aber soll ein in traditioneller Weise naturwissenschaftlich ausgebildeter Arzt gesprächstherapeutische Kenntnisse und Erfahrungen nehmen, es sei denn, er hatte selbst Weiterbildungsmöglichkeiten in einer Selbsterfahrungs- oder Balintgruppe!

2.3.3. Themenzentrierte Interaktion (TZI) (nach Ruth COHN)

Eine Methode, die der Doppelfunktion des Gruppengespräches in der ambulanten Koronargruppe als Informationsmedium und Psychotherapeutikum besonders gut gerecht wird, ist die themenzentrierte Interaktion nach Ruth C. COHN; auf diese Methode soll deshalb hier näher eingegangen werden.

Die Methode beruht auf der Einsicht, daß Menschen zwar Tatsachen und Zusammenhänge mit dem Denken allein erfassen können, daß jedoch sinnvolles Lernen, das auch zu Veränderungen führen soll, den ganzen Menschen als psychosomatisches – daher auch gefühlsbetontes und sinnliches – Wesen betrifft. Die themenzentrierte Interaktion stellt eine Modifikation gruppentherapeutischer Techniken zur Führung von Erziehungs- und anderen Kommunikationsgruppen dar, ist also für ambulante Koronargruppen besonders geeignet. Hier steht das Thema im Mittelpunkt der interaktionären Gruppe, aber die (wenigen) gegebenen Richtlinien (Postulate) und Hilfsregeln versuchen, den ganzen Menschen mit Gefühlen und Gedanken, Gegenwart, Vergangenheit und Zukunft einzubeziehen. Gefühle werden als der Teilnehmer ureigenstes Anrecht respektiert – gleichgültig ob sie realitätsgerecht sind oder eine Illusion darstellen. Das Gruppenklima ermutigt die Teilnehmer darin, Gefühle wahrzunehmen und auszudrücken, und die Lebendigkeit gruppentherapeutischen Lernens hat vor allem mit einer achtungsvollen Einstellung zur Gefühlswelt und zum persönlichen Befinden des einzelnen zu tun. Obwohl die Teilnehmer am Anfang einer Gruppentherapie oft das Gefühl einer großen, vielleicht sogar zu großen Freiheit haben, hat die Methode eine definitive Struktur, ... „da nur im Rahmen einer festen Struktur Freiheit möglich ist" (COHN 1975).

Im Rahmen der themenzentrierten Interaktion enthält jede Gruppeninteraktion drei Faktoren, die man sich plastisch als Eckpunkte eines Dreiecks vorstellen kann:

1. Das Ich, die Persönlichkeit
2. Das Wir, die Gruppe
3. Das Es, das Thema, die gemeinsame Aufgabe.

Dieses Dreieck ist eingebettet in eine Kugel, die die Umgebung im weiteren Sinne darstellt, in welcher sich die Gruppe, z. B. ambulante Koronargruppe, trifft. Die Methode befaßt sich mit den Beziehungen der Dreieckspunkte zueinander und ihrer Einbettung in die Kugel. Der Reichtum dieser einfachen Struktur wird offensichtlich, wenn man die komplexe Natur des Ichs als eine psychosomatische Einheit ansieht, das Wir als Zwischenbeziehung aller Gruppenmitglieder, und das Thema als die unendliche Kombination aller in Frage kommenden konkreten und abstrakten Faktoren.

Gruppenleiter und Teilnehmer werden sich der drei Dreieckspunkte Ich (Individuum), Wir (Gruppe) und Es (Thema) in jedem Gruppengespräch zunehmend bewußt. Dabei ist die Balance dieser drei Gegebenheiten nie vollkommen, sondern muß ständig dynamisch erhalten oder wieder hergestellt werden. Es ist diese dynamische Balance, die die themenzentrierte interaktionelle Arbeitsgruppe von anderen Kommunikationsmethoden unterscheidet. Die wenigen Postulate und Hilfs-„Regeln", die den Teilnehmern themenzentrierter Interaktionsgruppen in der Praxis gegeben werden, könnten geeignet sein, den Lehr-Lernprozeß innerhalb der Gruppe hier zu verdeutlichen. Sie sollen zugleich die jeweilige Arbeit und das Bewußtsein von Autonomie und zwischenmenschlicher Verbundenheit (Interdependenzen von allen mit allen) unter den Teilnehmern fördern. „Dabei bedeutet Autonomie nicht Autismus, und zwischenmenschliche Verbundenheit ist etwas anderes als Selbstaufopferung" (COHN 1975).

Drei sog. Postulate müssen in der Praxis der themenzentrierten Interaktion beachtet und befolgt werden:

> *3 Postulate der TZI*
>
> 1. Versuche in dieser Sitzung das zu geben und zu empfangen, was du selbst geben oder empfangen möchtest.
> 2. Sei den eigener Chairman: sieh nach innen, sieh nach außen und bestimme danach, wann und wie du reden oder schweigen oder handeln möchtest.
> 3. Störungen – positive und negative –, die den einzelnen oder mehrere vom Thema wegführen, haben den Vorrang zum „Aus-dem-Weg-Räumen" durch Verständnis und Klärung.

Die im folgenden genannten Hilfsmittel leisten nicht mehr als Hilfestellungen und sind erfahrungsgemäß in interaktionellen Gruppen nützlich. Sie sind jedoch keine absoluten Größen und ihre Verabsolutierung würde dem Geist dienen, den sie bekämpfen. Diese Hilfsregeln haben auch nicht die eher allgemein gültige Qualität der Postulate.

> *Hilfsregeln der TZI*
>
> - Vertritt dich selbst in deinen Aussagen, sprich per ich, nicht per wir oder per man.
> - Wenn du eine Frage stellst, sage, warum du fragst und was deine Frage für dich bedeutet. Sprich dich selbst aus und vermeide das Interview.
> - Sei authentisch und selektiv in deinen Kommunikationen. Mache dir bewußt, was du denkst und fühlst, und wähle, was du sagst und tust.
> - Halte dich mit Interpretationen von anderen solange wie möglich zurück. Sprich statt dessen deine persönlichen Reaktionen aus.
> - Sei zurückhaltend mit Verallgemeinerungen.
> - Wenn du etwas über das Benehmen oder die Charakteristik eines anderen Teilnehmers aussagst, sage auch, was es dir bedeutet, daß er so ist, wie er ist (d. h. wie du ihn siehst).
> - Wenn mehr als einer gleichzeitig sprechen will, verständigt euch in Stichworten, über was ihr zu sprechen beabsichtigt. Nur einer zur gleichen Zeit, bitte!
> - Seitengespräche haben Vorrang. Sie stören und sind meist wichtig. Sie würden nicht geschehen, wenn sie nicht wichtig wären.

Der Arzt als Leiter in einer solchen Gruppe ist ein pädagogisch-therapeutischer Helfer und Katalysator, wenn er in sich selbst echt ist (sich nicht betrügt) und „kongruent" (echt aber selektiv) in seinen Aussagen. Er ist als Leiter Teilnehmer, jedoch führender Teilnehmer. Er ist Chairman seiner selbst und Chairman der Gruppe. Als Chairman der Gruppe benützt er sich als Instrument, läßt sich selbst nicht aus, wendet sich den Teilnehmern zu und vertritt das Thema. Es gehört zu seiner Verantwortung, nicht aus der Leitungsfunktion auszusteigen und dabei optimal (nicht maximal!) transparent für die Teilnehmer zu sein. Diese grundlegenden Haltungen des Leiters von themenzentrierten Interaktionsgruppen sind dieselben wie die von Erlebnistherapeuten: bei beiden wird echte und „kongruente" Partnerschaft als pädagogisch-therapeutisches Mittel gesehen. Persönlichkeit und Fähigkeit des Gruppenleiters sind also ebenso wichtig wie seine Technik; es können nämlich nicht nur Intellekt und Wissen geschult werden, sondern auch die Gefühlswelt. Intuition, Empathie, Takt und Mut sind nicht nur schicksalshaft durch konstitutionelle Elemente bedingt oder von Kindheitserlebnissen bestimmt, sondern können erzogen und nacherzogen werden. Im Rahmen der themenzentrierten Interaktion braucht der Gruppenleiter vor allem „erzogene Gefühle". Daher sollten auf allen Fortbildungsveranstaltungen für ärztliche und nicht-ärztliche Gruppenleiter Fallseminare nach BALINT oder Kleingruppen zur themenzentrierten Interaktion mehr als bisher eingeplant werden.

Die themenzentrierte interaktionelle Gruppe ist personen-, gruppen- und weltzentriert. Sie nimmt Ich – Wir – Es und Umwelt gleich wichtig; dadurch ist sie zugleich ein Modell für den Menschen, der im organischen Gleichgewicht lebt: der sich selbst, die anderen und seine Aufgabe in der Umwelt wichtig nimmt. Für das Gruppengespräch in der ambulanten Koronargruppe, das erzieherische und psychotherapeutische Funktionen hat, ist die themenzentrierte Interaktion die Methode der Wahl.

Themenzentrierte Interaktion wird gelehrt und ist von Ärzten und Nichtärzten lernbar. 1966 gründete Ruth COHN in New York zusammen mit anderen das „Workshop Institute for Living Learning" (WILL); seitdem hat sich die TZI sehr schnell verbreitet. WILL-Institute gibt es inzwischen in verschiedenen Städten; zur Ausbildung der TZI-Gruppenleiter ist das Ausbildungsinstitut WILL-Europa in Zürich autorisiert.

TZI versteht sich heute als eine Pädagogik der kleinen Schritte und wird in vielfältiger Art und Weise in ganz unterschiedlichen Einrichtungen und Situationen angewandt: in Betrieben, Verwaltungen, Schulen und Hochschulen, kirchlichen Seminaren, in der Jugend- und Elternarbeit, in Familien und Konfrontationsgruppen, in der Lehrerausbildung, in der Erwachsenenbildung und bei Kongressen. Ärztliche und nichtärztliche Leiter ambulanter Koronargruppen sollten sich mit der themenzentrierten Interaktion nach Ruth COHN auseinandersetzen.

> Pädagogik ist die Kunst, Therapie antizipierend zu ersetzen. Therapie ist nachträgliche Pädagogik (COHN 1975).

2.3.4. Einzelthemen der Informationsgespräche

2.3.4.1. Medikamentöse Langzeittherapie und Compliance

In den beiden ambulanten Koronargruppen im Kreiskrankenhaus München-Pasing wurde vor allem in den ersten Monaten das Thema „medikamentöse Therapie" häufig angeschnitten. 1977 beschäftigte sich die 75-Watt-Gruppe in den ersten Abenden ausschließlich mit damit zusammenhängenden Fragen. An weiteren 19 Abenden waren diese zumindest Teilthema.

Von seiten der Patienten wurden (in der Reihenfolge der Häufigkeit) als Begründung für die Wahl des Themas folgendes angegeben:

- Interesse an der Wirkung der Medikamente
- Angst vor Nebenwirkungen
- Suche nach wirksameren Medikamenten
- Angst vor Abhängigkeit
- Angst vor Wirkungsverlust
- Widersprüchliche Auskünfte durch Massenmedien, Mitpatienten, Bekannte, Ärzte
- Überdruß an der Einnahme überhaupt
- Unbehagen an der Tablettenzahl.

Von seiten des Arztes mag ein nicht immer bewußtes Angebots-Verhalten der Themenwahl entgegenkommen, denn auf diesem Gebiet fühlt man sich durch Ausbildung und Berufserfahrung sicher. Auch für die Teilnehmer ist das Thema weniger angstbesetzt als etwa ein Gruppengespräch, das sich mit dem Bewußtsein, chronisch krank zu sein, befaßt. Die medikamentöse Langzeittherapie erweist sich daher unmittelbar nach Gründung einer Gruppe als besonders geeignetes „warming-up" Thema. Auch zu einem späteren Zeitpunkt gewinnt das Thema wieder an persönlicher Bedeutung für die Teilnehmer, und zwar vor allem für die oft beschwerdefreien Mitglieder der Koronar-Trainingsgruppe. Nicht selten kommt es bei ihnen nach 1 – 2 Jahren medikamentöser Langzeittherapie zu einem Gefühl des Tabletten- und Therapieüberdrusses. Dieser Überdruß ist um so ausgeprägter:

- je länger der Herzinfarkt zurückliegt,
- je unkomplizierter er war,
- je weniger subjektive Beschwerden bestehen,
- je mehr Einzeltabletten verordnet wurden,
- je weniger der Patient über die Wirkungsweise informiert und von der Notwendigkeit der Therapie überzeugt wurde.

Für den betreuenden Arzt sind Fragen der medikamentösen Langzeittherapie der Teilnehmer und deren Langzeit-Compliance von Bedeutung, weil die ständige wirksame und ausreichende Behandlung von Herzinsuffizienz, gefährlichen Rhythmusstörungen und Hypertonie, Grundvoraussetzung für die Teilnahme an der Bewegungstherapie ist.

Um ohne Risiko arbeiten zu können, ist der Arzt in der ambulanten Koronargruppe ganz besonders auf die Zuverlässigkeit der Mitglieder in der Tabletteneinnahme angewiesen, ein Patientenverhalten, das heute mit medikamentöser „Compliance“ umschrieben wird.

Angesichts der Problematik, die hinter diesem Schlagwort steckt, ist es nicht überraschend, daß es dazu nicht nur ein umfangreiches Schrifttum aus dem anglo-amerikanischen Sprachraum gibt, sondern daß auch zunehmend deutschsprachige Arbeiten dazu erscheinen. Es zeigte sich, daß Ärzte aus verständlichem Wunschdenken heraus geneigt sind, die Einnahmezuverlässigkeit ihrer Patienten als Teilaspekt der Compliance weit zu überschätzen. Nach einer Untersuchung von DAVIS (1968) glaubten 43% der befragten Ärzte, daß fast alle ihrer Patienten ihre Verordnungen befolgen würden. Nach 40 einschlägigen Publikationen ist dies jedoch nur bei 50 bis 70% der Patienten der Fall. Etwa 10 Studien berichteten über einen Nichtbefolgungsprozentsatz von über 50%. Erhebungen von WEBER u. Mitarb. (1977) ergaben eine relativ gute Compliance bei Infarktpatienten von etwa 50%, während sich bei den Hypertonikern ohne Leidensdruck nur 18% als zuverlässig in der Tabletteneinnahme erwiesen.

Für die ambulante Koronargruppe ergeben sich folgende Thesen:

Herzinfarktpatienten weisen eine relativ hohe Zuverlässigkeit bezüglich der Durchführung der medikamentösen Langzeittherapie auf.
Die Einnahmezuverlässigkeit wird aber von den behandelnden Ärzten meist überschätzt, dies gilt für Hypertoniker mehr als für Infarktkranke.
Bei Patienten mit latenter Herzinsuffizienz, gefährlichen Rhythmusstörungen, Hochdruck und solchen unter Antikoagulantien-Therapie ist eine zuverlässige Einnahme der verordneten Medikamente Grundvoraussetzung für die Teilnahme an der Bewegungstherapie. Diese Voraussetzung muß über lange Zeit erhalten bleiben.
Die Einnahmezuverlässigkeit von Patienten kann beeinflußt werden.

Die ambulante Koronargruppe bietet besonders günstige Möglichkeiten der positiven Beeinflussung des Einnahmeverhaltens.

SIEGRIST (1977) zeigte, daß Compliance keineswegs ein stabiles, wenig veränderliches Verhaltensmerkmal eines Menschen ist, das er in der Jugend erwirbt und später „hat oder nicht hat“. Compliance ist vielmehr sehr von der aktuellen Situation abhängig – und diesen „situativen Kontext“ können wir als Ärzte (und Übungsleiter) beeinflussen. Compliance ist auch sehr krankheitsspezifisch: so frustriert die Non-Compliance von chronischen Bronchitikern oder Patienten mit peripheren arteriellen Durchblutungsstörungen auch überdurchschnittliches gesundheitserzieherisches Engagement. Ganz anders ist die Situation bei Infarktkranken: dabei bleibt offen, ob es das akute dramatische Ereignis des Herzinfarktes, die mögliche Lebensbedrohung, das Erlebnis der Intensivstation oder Persönlichkeitsmerkmale des „Infarkttyps“ (A-Typ) bzw. Persönlichkeitsmerkmale der Infarkt-„Spezialisten“ und -Therapeuten sind, die die Patienten-Compliance so günstig beeinflussen.

SIEGRIST nennt folgende vier „situative Determinanten“, die untereinander zusammenhängen und Ansatzpunkte für eine Verbesserung der Compliance (bei Hypertonikern) bilden. Diese vier situativen Determinanten gelten nach meiner Erfahrung in gleicher Weise für den Infarktkranken und sind in der Organisationsform „Ambulante Koronargruppe“ schon gegeben oder leicht zu verwirklichen. Der Medizinsoziologe kommt dabei zu folgenden 4 Thesen, die ich auf die Koronargruppe anwenden möchte:

4 Thesen zur Verbesserung der Patienten-Compliance (SIEGRIST 1977):
- Patienten-Compliance ist abhängig vom Verständnis der Risikolage
- Patienten-Compliance braucht die Aktivierung des Patienten
- Patienten-Compliance erfordert eine Änderung des ärztlichen Rollenverhaltens
- Patienten-Compliance erfordert Unterstützung durch das soziale Umfeld des Patienten

1. These: Patienten-Compliance ist abhängig vom Verständnis der Risikolage

Vielleicht im Gegensatz zur Situation beim Hypertoniker erleben wir beim Herzinfarktpatienten in (und außerhalb) der ambulanten Koronargruppen ein bohrendes Suchen und Drängen nach Verständnis. Vor allem bei den Patienten, bei denen sich der Herzinfarkt ohne jeden Vorboten ganz akut und überraschend ereignete, stehen das Nicht-begreifen-können und eine erschreckte Ratlosigkeit im Vordergrund ihres Fühlens. Folgende Fragen bleiben lange ein zentrales Anliegen, das mehr oder minder deutlich den Hintergrund vieler Gruppengespräche bildet:

- Was ist das, ein Herzinfarkt?
- Wie bin ich dazu gekommen?
- Was bedeutet der Herzinfarkt für mein Leben, meinen Beruf, meine Familie?
- Wie gehen die anderen damit um?
- Was kann ich für meine Gesundheit tun?

Schon auf der Intensivstation, vor allem aber in der ambulanten Koronargruppe, sollte Lektüre zu diesen Fragen angeboten werden, die besprochen wird. Es wird dann gemeinsam nach Angeboten zum Thema in den Massenmedien gesucht und alles zur Diskussion gestellt, was Gruppenmitglieder zum Thema finden, was sie beschäftigt und bewegt. Dabei wird keine Theorie und keine Sensationsmeldung, und sei sie auch noch so „unwissenschaftlich", einfach übergangen und abgetan.

2. These: Patienten-Compliance braucht die Aktivierung des Patienten

Untersuchungen an Hypertonikern zeigten, daß unter den verschiedenen Methoden zur Verbesserung der Patienten-Compliance (Aufklärung durch den Hausarzt, Aufklärung durch den Werksarzt, Filme, Broschüren) die Blutdruck-Selbstmessung am erfolgreichsten ist (WEBER et al. 1972). Aktivierung in körperlicher und psychosozialer Hinsicht, gesundheitliche Eigeninitiative und Selbstverantwortlichkeit sind erklärte Lernziele der ambulanten Koronargruppe, bis hin zum Fernziel der „Selbsthilfegruppe". Unter diesem Aspekt läßt sich eine Verbesserung der Compliance durch die ambulante Koronargruppe annehmen, nicht nur für die Hypertoniker unter den Teilnehmern, die zu Beginn jeder Gruppenstunde ihren Blutdruck selbst messen und registrieren sollten.

3. These: Patienten-Compliance erfordert eine Änderung des ärztlichen Rollenverhaltens

Im Gegensatz zur Sprechzimmer- und Krankenbettmedizin ist schon das Setting in der ambulanten Koronargruppe hilfreich und erleichtert den Ausstieg aus der einseitigen Arzt-Patienten-Beziehung. Gemeinsames Tun und Erleben (z. B. auch das Erleben ärztlicher Unbeholfenheit) beim Laufen, bei der Gymnastik, bei Partnerübungen, Spielen, gemeinsames Schwitzen und gemeinsames Duschen, der anschließende Biergartenbesuch, das Gruppengespräch (im Kreiskrankenhaus München-Pasing auf dem Boden sitzend und liegend, an Sommerabenden draußen unter Bäumen, im Winter in der Halle) führen eine neue Dimension in die Arzt-Patienten-Beziehung ein, setzen aber zugleich die Bereitschaft zu einem kooperativen Beratungsstil voraus. Dabei ist natürlich noch nicht erforscht, welcher Aspekt einer derart gestalteten Arzt-Patienten-Kommunikation für die Compliance von besonderer Bedeutung ist. Aber der Patient kann leichter spüren, daß er als mündiger Partner gilt, der jederzeit und immer das Recht hat, sich auch gegen unseren Rat und unsere Empfehlung zu entscheiden. Der Arzt kann in und durch die Gruppe seine therapeutischen Angebote machen und für die Annahme seiner Angebote werben.

4. These: Patienten-Compliance erfordert Unterstützung durch das soziale Umfeld des Patienten

Etwa $\frac{1}{5}$ der Patienten erscheinen regelmäßig mit den Lebenspartnern, in anderen Gruppen (mit mehr Raum) liegt der Anteil höher. Ein weiterer Teil bringt Ehefrau oder Ehemann sporadisch mit. Praktisch alle Ehepartner kommen auf besondere Einladung zu Informationsabenden, zu besonderen Gruppenthemen, zu Nachuntersuchungen, Nachbefragungen, Einzelgesprächen. Als betreuender Arzt gewinnt man den Eindruck, daß die Einbeziehung des Lebenspartners dem Patienten notwendige Änderungen des Lebensstils erleichtert.

Auch die Ergebnisse soziologischer Erhebungen zu den Ursachen für Non-Compliance erlauben den Umkehrschluß, daß ambulante Koronargruppen in besonderem Maße geeignet sind:

- Fragen der Patienten-Compliance bei Infarktpatienten zu erforschen,
- Strategien der Compliance-Verbesserung bei Infarktpatienten zu erproben,
- die relativ gute Compliance bei Infarktpatienten zu verbessern und über lange Zeit zu erhalten.

Welche Ursachen für Non-Compliance werden heute diskutiert? D. von Schmädel (1977) stellt aufgrund soziologischer Erhebungen folgende Thesen auf:

1. Eine allgemein negative Gesundheitseinstellung und Non-Compliance drückt sich z. B. darin aus, daß der Patient Vorsorgeuntersuchungen ablehnt und Krankheitszeichen wenig oder erst spät betrachtet. Sein allgemeines Interesse an Gesundheitsproblemen ist gering. Die Gründe für diese Einstellung liegen darin, daß der Patient seine „Krankheitsanfälligkeit" als gering einschätzt und sich daher sehr wenig um seine Gesundheit sorgt. Außerdem glaubt er nicht daran, daß die moderne Medizin überhaupt effektive Möglichkeiten zur Behandlung von Krankheiten hat. Seine Bezugsgruppen, wie die Familie, Freunde und Bekannte, unterstützen diese Meinung (v. Schmädel 1977).

   In der ambulanten Koronargruppe lernen die Teilnehmer zunehmend besser ihre Krankheitszeichen zu beobachten, und ihr allgemeines Interesse an Gesundheitsproblemen wächst. Sie schätzen ihre Krankheitsanfälligkeit bezüglich der koronaren Herzkrankheit als hoch ein und sind daher um ihre Gesundheit besorgt. Sie erleben, daß die moderne Medizin effektive Möglichkeiten zur Behandlung hat und die an der ambulanten Koronargruppe teilnehmenden Lebenspartner bzw. Kinder unterstützen diese Meinung.
2. Die Non-Compliance des Patienten wird außerdem dadurch mitverursacht, daß er die Notwendigkeit einer Behandlung seiner gegenwärtigen Krankheit nicht einsieht oder sie zumindest als unbedeutend einschätzt. Dazu kommt es, weil der Patient nicht daran glaubt, daß seine gegenwärtige Erkrankung schwerwiegend ist. Er fühlt sich auch durch diese Erkrankung in seiner Alltagsroutine nicht sonderlich gestört (wie z. B. bei der Hypertonie), er verspürt auch keine Krankheitsanzeichen, die ihn beunruhigen, d. h. sein Leidensdruck ist gering (v. Schmädel 1977). All diese Merkmale gelten kaum für Patienten nach Herzinfarkt in einer ambulanten Koronargruppe.
3. Eine geringe Compliance müssen wir ferner erwarten, wenn der Patient den behandelnden Arzt negativ einschätzt. Dies kann verschiedene Ursachen haben: der Patient hat den Arzt als persönlich und/oder fachlich unsicher erlebt; der Arzt wirkt auf ihn unfreundlich, kalt, routiniert, emotional unecht, geschäftsmäßig – im Gegensatz zu persönlich, warm etc., oder der Arzt ging auf Fragen des Patienten nicht ein. Er drückte sich unverständlich aus, benutzte einen medizinischen Jargon und hatte keine Zeit für den Patienten. Der Faktor Wartezeit im Wartezimmer kommt noch als Negativum hinzu (v. Schmädel 1977).

   Diese Aussagen mögen für die „Krankenbett- und Sprechstundenberatung" zuweilen zutreffen. „Wenn Patienten jedoch eine positive Übertragung zum Therapeuten haben, dann tun sie fast blindlings alles, was der Arzt von ihnen verlangt" (Busch 1977). Die notwendige positive Übertragung wird durch die Mitseins-Behandlung in der ambulanten Koronargruppe wahrscheinlich gefördert.
4. Die Erwartung von Nebenwirkungen ist ein weiterer Faktor, der die medikamentöse Compliance der Patienten beeinflußt. Besonders negativ wirken sich zwei Ängste aus:
   a) die Angst, medikamentensüchtig zu werden,
   b) die Angst, an sexueller Potenz einzubüßen (v. Schmädel 1977).

Sowohl tatsächliche, substanzabhängige Nebenwirkungen und „psychologische", die man auch als „negative Plazebo-Effekte" bezeichnen könnte, werden in der Gruppe immer wieder diskutiert. Dabei verdienen auch die durch die Formulierungen in den „Beipackzetteln" induzierten Ängste unsere Beachtung. Sie können in der Gruppe diskutiert und sicherlich zu einem Gutteil entkräftet bzw. relativiert werden.

Insgesamt stellt die Anzahl der einzunehmenden Tabletten und die Dauer einer medikamentösen Therapie für viele primär kooperative Patienten auf lange Sicht ein wichtiges Problem dar, das sie in der Gruppe immer wieder anschneiden.
Wird im Gruppengespräch die zunehmende „Tablettenmüdigkeit“ der Teilnehmer deutlich, so muß die Konsequenz in Übereinstimmung mit sonstigen ärztlichen Erwägungen lauten (WEBER u. Mitarb. 1979):

- Strengste Indikationsstellung, d. h. mit einem Minimum an Arzneimitteln auszukommen versuchen.
- So wenig Gaben eines Medikaments pro Tag wie möglich.

Oft genügt es, die heute übliche, über den Tag verteilte Digoxin-Verabreichung auf eine Einmal-Applikation umzustellen, wobei diese Dosis jedoch nicht nüchtern eingenommen werden soll (WEBER u. Mitarb. 1979). In der schwierigen Spätphase einer wieder abnehmenden Patienten-Compliance und zunehmender Tabletten- und Therapie-„Müdigkeit“ der Teilnehmer ist nach unserer Erfahrung das Gespräch und der Konsens mit dem Hausarzt von besonderer Bedeutung.

Beim Versuch einer Synopsis über Determinanten der Patienten-Compliance (SCHREY 1977) fanden sich keine Beziehungen zwischen Bildungsstand des Patienten, Wissen des Patienten über seine Krankheit, Einschätzung der Patienten-Compliance durch den Arzt und Ernst der Erkrankung zur realen Patienten-Compliance. Determinanten, die die Compliance sicher bzw. möglicherweise beeinflussen, finden sich in Tabelle 10.
Setzt man die hier aufgelisteten Determinanten in Beziehung zur ambulanten Koronargruppe, so erscheint die Annahme einer Verbesserung des Einnahmeverhaltens bei Herzinfarktpatienten durch die ambulante Koronargruppe gerechtfertigt.

2.3.4.2. Nichtrauchertraining

Paradebeispiel für die Gesundheitserziehung durch die Koronargruppe als wichtiger Teilaspekt einer umfassenden Dauerbetreuung (comprehensive care) ist die Raucherentwöhnung oder, positiv formuliert, das Nichtrauchertraining der Teilnehmer. Weil ich seit Jahren gerade mit dieser Problematik praktische Erfahrungen sammeln konnte, ist es vielleicht gerechtfertigt,

Tabelle 10. Determinanten der Patienten-Compliance (SCHREY 1977)

Eindeutige Zusammenhänge	Mögliche Zusammenhänge
Positive Einflüsse	
Positive Haltung des Arztes ↑	Unterstützung durch Familie ↑
Lange Arzt-Patienten-Beziehung ↑	Patient hält Krankheit für ernst ↑
Hoher ärztlicher Zeitaufwand ↑	Schnelligkeit der Beeinflussung der Symptome ?
Patient schätzt seine Empfindlichkeit gegenüber Krankheit hoch ein ?	Hohes Feedback zum Patienten ↑
	Patient hält Maßnahmen für wirksam ↑
Negative Einflüsse	
Soziale Isolierung ↓	Unzufriedenheit mit Arzt ↓
Länge der Therapie ?	Hohes Alter
Zahl der verordneten Medikamente ↓	Sehr arm
Häufigkeit der Einnahmen ?	
Nebenwirkungen ?	

Die Pfeile deuten die Richtung der möglichen Beeinflussung durch die ambulante Koronargruppe an.

daß ihr hier als Modellbeispiel der Gesundheitserziehung breiterer Raum gewährt wird: Zweifellos stellt das Rauchen von mehr als 15 Zigaretten einen bedeutsamen Risikofaktor erster Ordnung dar. Von den unter 60jährigen Männern rauchten bis 1973 beim ersten Herzinfarkt etwa 84% (NÜSSEL 1976).

> Erfreulicherweise ist die Zahl der Raucher zur Zeit des ersten Herzinfarkts in den letzten Jahren von 84% auf 67% zurückgegangen, eine Differenz, die mit einer allgemeinen Verhaltensänderung und Trendwende in diesem Bereich zusammenhängen könnte.

Dabei ist es bemerkenswert, daß die Quote der Nichtraucher in den jüngeren Altersgruppen höher ist als in den älteren, ein Befund, der darauf schließen läßt, daß die jüngeren Männer heute häufiger als früher das gewohnheitsmäßige Rauchen erst gar nicht anfangen. Möglicherweise gelten diese Aspekte, die man unter dem Begriff „Trendwende" ansprechen könnte, aber nur für jüngere Männer der Mittel- und Oberschichten. Durch das Infarktereignis und damit verbundene ärztliche (und nicht-ärztliche) Empfehlungen bezüglich des Rauchverhaltens, begünstigt durch äußere Umstände wie Rauchverbot auf der Intensivstation und in den Krankenzimmern des Krankenhauses, stellt ein Großteil der Patienten das Rauchen ein, zumindest in den ersten drei bis sechs Monaten nach dem Herzinfarkt. Mehrjährige Nachbeobachtungen von Patienten mit erstem Herzinfarkt ergeben jedoch einen kontinuierlichen Anstieg der Quote jener Patienten, die das Rauchen wieder aufnehmen:

> Etwa die Hälfte der Patienten, die bei Infarkteintritt Raucher waren, nehmen im Verlauf der nächsten zwei Jahre diese Gewohnheit leider wieder auf.

Nach drei bis vier Jahren raucht also wieder mehr als ein Drittel der ehemaligen Infarktpatienten (NÜSSEL, WHO Projekt Euro 5010 Heidelberg, Center 07 1976). Wir müssen uns also in der Koronargruppe auch positiv mit dem Rauchverhalten der Teilnehmer auseinandersetzen. In der Praxis hat sich folgendes Vorgehen bewährt:

Die Auseinandersetzung mit den Pseudo-Alibis
Während des Gruppengespräches sollte zuerst die Auseinandersetzung mit den „Pseudoalibis" stattfinden. Sie werden von allen Rauchern benutzt, die nach dem Herzinfarkt weiterrauchen, denn der besonders gut erforschte Zusammenhang zwischen Rauchen und Infarkt wird den Teilnehmern im Verlauf der Erkrankung ja zunehmend bewußt. Sie geraten also in einen gewissen Rechtfertigungsdruck vor sich selbst und vor ihren Angehörigen und Ärzten. Um ihr Verhalten dennoch einigermaßen „guten Gewissens" beibehalten zu können und um die sog. „kognitive Dissonanz" (die Diskrepanz zwischen Einsicht, Wollen und Können) zu vermindern, benutzen sie rationalisierende Argumentationen, die die Aufgabe eines Alibis haben. Diese sind bewußt oder unbewußt vorgeschoben, um andere Hintergründe des Rauchverhaltens zu decken. Sie müssen in der Koronargruppe immer wieder verbalisiert und aufgearbeitet werden, denn ein gutes Alibi hemmt oder verhindert einen etwaigen Entwöhnungsentschluß. In der Gruppe werden, ohne Intervention des Therapeuten, fast alle diese Argumente zur Sprache gebracht und von den Gruppenmitgliedern entkräftet:
„Nach so vielen Raucherjahren ist es doch gar nicht mehr möglich, vom Rauchen loszukommen." – „Ich habe schon einige Versuche gemacht, bin aber bisher immer wieder rückfällig geworden." – „Wenn ich nicht mehr rauche, werde ich dick, und das ist mindestens genauso gefährlich." – „Wenn ich nicht mehr rauche, werde ich unerträglich nervös und reizbar, das ist dann auch ein Streß." – „Mein Arzt hat es mir eigentlich gar nicht verboten." – „Mein Arzt raucht selbst, und der müßte es doch wissen, wenn es so schädlich wäre." – „Ich kenne jemanden, der hatte vor 10 Jahren einen Herzinfarkt und heute geht es ihm sehr gut, obwohl er raucht wie ein Schlot."

Beobachtungswoche und Wrapping-Technik
Die Raucher unter den Koronargruppenmitgliedern sollten möglichst bald eine sog. „Beobachtungswoche" durchführen. Am Ende der Woche

muß jeder Raucher herausgefunden haben, welche inneren und äußeren Begleitumstände für ihn „auslösend" sind.

> Jeder Raucher verbindet im Laufe vieler Raucherjahre das Rauchen mit bestimmten anderen Handlungen, die im Unterbewußten zu einem Handlungskomplex gekoppelt werden.

Als hilfreicher Trick hat sich die „Wrapping-Technik" erwiesen, die in amerikanischen Stop-smoking-Polikliniken angewandt wird: Die Raucher zählen sich morgens ihr gewohntes Quantum Zigaretten ab und packen es in eine oder zwei leere Zigarettenschachteln. Diese werden in einen weißen DIN A4-Bogen eingewickelt und mit zwei Gummibändern wie ein kleines Geschenk verpackt. Jede Zigarette wird nun, bevor sie geraucht wird, mit den inneren und äußeren Auslösern auf dem Bogen notiert, wobei sich die äußeren und inneren Anlässe nicht immer genau auseinanderhalten lassen. Schon durch die Tatsache der Registrierung sinkt der bisher unreflektierte Zigarettenkonsum in dieser ersten Woche deutlich. Außerdem:

Die Raucher *analysieren* ihr reales Rauchverhalten, nicht dessen Abstraktionen in ihrer Vorstellung. Die Nichtraucherstrategie kann auf das wirkliche Rauchverhalten hin ausgerichtet werden.

Die Raucher *verzögern* den Rauchvorgang, da sie jede Zigarette zuerst notieren müssen. Sie dehnen die Zeit vom auftauchenden Rauchbedürfnis bis zur gerauchten Zigarette aus und machen sich dabei den Rauchvorgang wieder bewußt. Diese Verzögerung kann bewußt verstärkt werden, und in einigen Fällen wird der Raucher eine „ersehnte" Zigarette auf einen anderen Zeitpunkt aufschieben können. Ein erster Schritt zur Wiedergewinnung der Selbstkontrolle bezüglich des Rauchverhaltens ist getan.

Die Raucher *entkoppeln* Handlungskomplexe, wie z. B. Rauchen und Kaffeetrinken. Am Ende der Beobachtungswoche können sie nämlich aus ihren Notizen eine große Anzahl solcher gekoppelter Bedürfnisse herausfinden. Sie erleichtern sich das künftige Nichtrauchen entscheidend, wenn sie Situationen und Handlungen, deren Koppelung sie erkannt haben, vermeiden oder wenigstens strikt vom Rauchen trennen.

Analyse der vorherrschenden Motivation

Beim nächsten Treffen werden die Erfahrungen der Beobachtungswoche ausgetauscht und der Versuch unternommen, der vorherrschenden Motivation jedes Rauchers näher zu kommen. Bekanntlich wird durch das Rauchen einer Zigarette, Zigarre oder Pfeife ein vielschichtiger Komplex seelisch-körperlicher Bedürfnisse befriedigt. In der Koronargruppe lohnt es sich, die Beteiligten herausfinden zu lassen, was Rauchen für sie persönlich bedeutet, um dann das Nichtraucherprogramm spezifisch zusammenzustellen. Damit wächst die Erfolgschance. Die Patienten diskutieren drei Hauptbeweggründe – die sich allerdings nicht immer scharf trennen lassen –, um derentwillen man raucht:

> *Die 3 Hauptbewegungsgründe des Rauchens*
>
> Man raucht,
> - um negative Gefühle zu verringern (Muß-Rauchen)
> - um positive Gefühle zu verstärken (Genuß-Rauchen)
> - aus gesellschaftlichen Gründen (Kontakt-Rauchen)

Die praktische Bedeutung dieser Differenzierung sei an einem Beispiel dargestellt: Erkennt der Raucher, daß er vorwiegend Kontaktraucher ist, so wird es in seiner Entwöhnungszeit darauf ankommen, daß er sich dieses Rauchverhalten ständig bewußt macht und kontrolliert: daß er anfangs besonders auf seine Umgebung achtet, daß er Gelegenheiten, bei denen ihm eine Zigarette angeboten wird, Gesellschaften, bei denen mit großer Wahrscheinlichkeit geraucht wird, Situationen, in denen er sich allein fühlt, meidet. Erfahrungsgemäß wird es für ihn leichter sein, sich das Rauchen in einer Gruppe abzugewöhnen, als sich allein damit abzumühen. Außerdem sollte er rasch den Kontakt mit allen denjenigen Freunden, Bekannten, Arbeitskollegen intensivieren, die nicht rauchen; wenn sich im Freundes- oder Bekanntenkreis niemand findet, in der Infarktsportgruppe gibt es genug Exraucher!

Der Modus procedendi: allmähliches oder plötzliches Aufhören?

> Es gibt zwei Möglichkeiten, sich das Rauchen abzugewöhnen: stufenweise oder schlagartig („cut down“ oder „cold turkey“).

Beide Möglichkeiten finden Verfechter und Gegner und sollten intensiv durchdiskutiert werden. In Deutschland herrscht weitgehend die Meinung, daß man sich das Rauchen nur schlagartig (oder gar nicht) abgewöhnen könne, zumal verhaltenstherapeutische Ansätze wenig bekannt sind. Wenn man Rauchern das Vorurteil nimmt, man könne nur schlagartig aufhören und ihnen Zeit zur Entscheidung läßt, so entscheidet sich etwa die Hälfte für eine stufenweise Reduktion. Einfache Testfragen[1] können hier Entscheidungshilfe geben. Ich selbst empfehle im allgemeinen einen Kompromiß: Ich rate anfangs zur stufenweisen Reduktion, schon um dem Raucher die Angst vor der Selbstüberforderung zu nehmen. Sind Teilerfolge errungen, lassen die meisten Teilnehmer die letzten 8–10 Zigaretten schlagartig weg. Der Diskussion über hilfreiche Tips und Tricks (was hilft – hat geholfen – würde helfen? wer könnte wie helfen? wer hemmen?) sollte ausreichend Raum gelassen werden.

> Der Therapeut ist um so besser und erfolgreicher, je mehr er die Erarbeitung des Therapieweges den Gruppenmitgliedern überlassen kann und überläßt.

Systematische Ersatzbefriedigung

Der Verzicht auf ein Mittel, das so komplexe Funktionen erfüllt wie das Rauchen, setzt voraus, daß adäquate Möglichkeiten der Ersatzbefriedigung angeboten werden.

> Die Chancen der Raucherentwöhnung wachsen, wenn die „Glücksbilanz“ positiv bleibt.

Das gilt besonders für den, der schlagartig aufhört zu rauchen. Schon lange weiß man, daß Rauchen eine ambivalente Wirkung hat: In Phasen der Müdigkeit, Abspannung, Depression regt die Zigarette an, während sie umgekehrt in Phasen der Nervosität entspannt und dämpft. Einen ganz ähnlichen Effekt erzielt man mit jeder Art von körperlicher Bewegung. Aber auch andere Möglichkeiten der Ersatzbefriedigung und der Belohnung für Teilerfolge werden in der Gruppe gemeinsam gesucht und ihre Realisierung überwacht.

Entzugserscheinungen

Auch die gefürchteten Entzugserscheinungen können mit Hilfe einer gut gelungenen Strategie der Ersatzbefriedigungen besser überspielt werden. Ihr Auftreten muß in der Gruppe diskutiert und anhand von drei Fragen bearbeitet werden:

Sind die angeblichen Entzugserscheinungen nicht ein willkommener Anlaß, alle Bemühungen einzustellen und einfach weiterzurauchen (Alibifunktion!)?
Könnte man sie nicht einfach aushalten?
Was tun, wenn die zweite Frage mit nein beantwortet wird?

Störungen und Beschwerden, die „nicht ausgehalten werden können“, lassen sich unter drei Gesichtspunkten einordnen und damit behandeln:

1. als Störungen, die mit der fehlenden „oralen Gratifikation“ zusammenhängen. Beispiel: Appetitsteigerung, Gewichtszunahme, Depressionsneigung;
2. als Störungen, die mit fehlenden körperlich-seelischen Anregungen zusammenhängen. Beispiel: Müdigkeit, Unlust, Konzentrationsstörungen, Depressionsneigungen, „Kreislaufstörungen“;
3. als Störungen, die mit der fehlenden Beruhigung durch die Zigarette zusammenhängen. Beispiel: Gereiztheit, Unruhe, Nervosität, Schlafstörungen, Herzbeschwerden.

---

1 C. Halhuber: Vom Raucher zum Nichtraucher. München: Gräfe und Unzer 1977.

Reizbarkeit und Aggressivität der Noch- oder Wiederraucher können die Gruppe sehr belasten, zumal Männer, die nach dem ersten Herzinfarkt das Rauchen zunächst aufgeben, dann aber wieder rückfällig werden, eine besonders hohe Aggressivität aufweisen (NÜSSEL 1976)

Die Rückfallproblematik

Die Belastung der Wieder-Raucher in der Infarktgruppe durch die Erfahrung ihres Rückfalles sollte nicht unterschätzt werden. Oft gelingt es mit Hilfe erfolgreicher Exraucher herauszuarbeiten, daß diese meistens 2 – 7 „Anläufe" unternommen haben, nicht mehr zu rauchen, ehe sie endlich, oft unter dem Leidensdruck des Infarktereignisses, erfolgreich waren. Dieses Ergebnis führt zu einer deutlichen Druckentlastung der Noch-Rauchenden. Ihre Rückfallerfahrungen und die Angst aller vor Rückfällen lassen sich in der Koronargruppe durchspielen und „vorweg immunisierend" diskutieren. Dabei ist die Kenntnis der Motivstrukturen von rückfälligen, ehemaligen Rauchern wichtig: Es zeigt sich nämlich, daß etwa 40% von ihnen in Gesellschaft rückfällig werden, meist wenn sie unter Alkoholeinfluß stehen, 32% in Zuständen psychischer Anspannung. Oft werden von rückfälligen Rauchern auch Situationen beschrieben, in denen der Befragte Anforderungen, die an ihn gestellt werden, nicht gewachsen ist. Nur 10% der Wiederraucher geben allgemein an, daß das Bedürfnis nach einer Zigarette für sie entscheidend gewesen sei.

> In drei von vier Fällen bedeutet eine einzige Zigarette bereits den Wiederbeginn des gewohnheitsmäßigen Rauchens.

Wenn wir davon ausgehen, daß Herzinfarktpatienten das Risiko kennen, das in ihrem Rauchverhalten liegt, so werden wir uns nicht allzuviel davon versprechen, wenn wir diese unerwünschte Verhaltensweise frontal-rational angehen:

> Die Drohung mit Krankheit oder Tod, eine mit Warnung und Schock operierende „Aufklärung" erreicht häufig das Gegenteil von dem, was sie will.

Möglicherweise bleiben die Raucher weg bzw. die „Mogelquote" bei ihren Angaben wird steigen und sie werden mit Schuldgefühlen weiterrauchen. Die Ergebnisse der ambulanten Koronargruppen im „Hamburger Modell" weisen darauf hin, daß die Raucher in den Koronargruppen noch nicht genug erfaßt sind: So hatten von den Rauchern in den Vereinssportgruppen 86,3% das Rauchen völlig eingestellt, in der Kontrollgruppe der Nichterschienenen waren es aber nur 68,2%, wobei die Gruppe der Nichterschienenen schon vor dem Herzinfarkt eine höhere Prozentzahl von Rauchern hatte. Wahrscheinlich sollte unsere besondere therapeutische Aufmerksamkeit in Zukunft vor allem diesen Patienten gelten. Problematisch wird die Situation in einer länger bestehenden ambulanten Koronargruppe auch dann, wenn nur noch wenige Mitglieder weiterrauchen und allen gesundheitserzieherischen Bemühungen zu trotzen scheinen.

> Die Therapeuten müssen sich ihre eigene Kränkung, ihre strapazierte Frustrationstoleranz und ihr möglicherweise zunehmendes Ressentiment gegen die „Hartnäckigen" bewußt machen, um auch in Zukunft zu einer nicht-moralisierenden Empathie mit akzeptierender und respektierender Grundhaltung fähig zu sein.

Auch Gruppenmitglieder, die ein „Saulus-Paulus-Erlebnis" bezüglich ihres eigenen Rauchens hatten, neigen dazu, ihre Rolle als Co-Therapeuten so anhaltend und intensiv zu spielen, daß „hartnäckige" oder rückfällige Raucher in die Rolle von schwarzen Schafen geraten, die sie ihrerseits mit Ressentiments erfüllen muß. Ich tabuisiere das Thema dann für einige Zeit ganz bewußt und stelle es den Rauchern frei, wann sie, sei es in der Gruppe, sei es im Einzelgespräch, wieder darüber sprechen mögen. Auf diese Weise kann eine Sensibilisierung der „Hartnäckigen" und der ganzen Gruppe bezüglich des Themas „Rauchen" meist vermieden werden.

2.3.4.3. Ernährungsberatung

Fragen und Diskussionen über „richtige" Ernährung, Normalgewicht, Idealgewicht und Übergewicht nehmen in vielen Gruppen einen breiten Raum ein. Patienten und begleitende Ehefrauen werden wohl auf keinem Sektor der Gesundheitspflege durch widersprüchliche Meldungen in den Massenmedien und unterschiedliche Auffassungen unter den behandelnden Ärzten mehr verunsichert und irritiert als auf dem Gebiet der Ernährung.

Neben der Diskussion sind Arztvorträge und Lehrfilme, vor allem wenn sie anschließend in der Gruppe diskutiert werden, Informationsschriften der Industrie und Fachbücher Möglichkeiten, den Gruppenteilnehmern das notwendige Sach- und Fachwissen zu vermitteln. Da jedoch Ärzte diätetisch nicht immer interessiert und ausreichend vorgebildet sind, empfiehlt es sich, nach einer fachkundigen Möglichkeit der Ernährungsberatung Ausschau zu halten. Im Rahmen des Hamburger Modells wird sie durch Ernährungsberaterinnen gewährleistet, die den Koronargruppen von Firmen der Lebensmittelindustrie zur Verfügung gestellt werden. Ein „Ernährungskurs" erstreckt sich über 9 Wochen (wöchentlich 2 Std), die Teilnehmerzahl beträgt 20–25 Personen, und die Ehefrauen sind jeweils miteingeladen. Auch im Raum Heidelberg (Modell Walldorf-Wiesloch) hat man gute Erfahrungen mit Diätkochkursen gemacht.

> Gerade im Bereich der Ernährungsberatung ist das Praktikum besonders wichtig: learning by doing!

Praktische Lehrküchenerfahrungen haben auch oft Teilnehmer, die von einem Anschlußheilverfahren der LVA oder BfA in die Gruppe zurückkommen. Dann fallen die meist eher theoretischen Ausführungen des Arztes im Gruppengespräch auf einen fruchtbareren Boden, nicht nur bei der Ehefrau, sondern auch beim Patienten selbst. Dennoch muß der Arzt sich immer wieder bemühen, die Ernährungsberatung leicht verständlich, aber präzise, zu gestalten, ohne allzusehr ins Detail zu gehen, damit dem einzelnen in seiner Ernährungsgestaltung Spielraum bleibt. Zielvorstellung ist eine „prudent diet". Sie wird von ANEMUELLER (1979) „Herzschutzkost" genannt, ein präjudizierender Begriff, der viel verspricht und daher manchen Ärzten ein Ärgernis sein wird. Von Patienten wird er gerne aufgegriffen, und es ist denkbar, daß er über manchen Verzicht hinweghilft. Ich möchte mich hier darauf beschränken, den Rahmen zu nennen, innerhalb dessen Ernährungsberatung und Ernährungsumstellung sich ereignen sollten: Grundsätzlich sollte eine prudent diet (sit venia verbo „Herzschutzkost")

- allgemein gesundheitsfördernd,
- nicht einseitig,
- spezifisch primär – oder sekundär präventiv wirksam,
- akzeptabel und wohlschmeckend,
- praktikabel, mit Spielraum für individuelle Neigungen
- und billig sein.

> Kostenfragen dürfen in einer Gruppe, an der auch frühberentete oder arbeitslose Patienten teilnehmen, vom Arzt nicht außer acht gelassen werden.

In den beiden Koronargruppen im Kreiskrankenhaus München-Pasing haben wir folgende theoretische Zielrichtungen einer etwaigen Ernährungsumstellung immer wieder durchdiskutiert und begründet:

- Senkung des Gesamtkalorienverbrauches (mit Effekt auf Blutdruck, Triglyzeride, Blutzucker und vielleicht auf die Bewegungsfreudigkeit)
- Senkung der Gesamtfette von 40 auf 25–35% der Gesamtkalorien
- Senkung des Nahrungscholesterins
- Senkung der gesättigten Fettsäuren
- Steigerung des Anteils an hochungesättigten Fettsäuren und Veränderung des P-S-Verhältnisses, teils als eigenständiger Faktor, teils um die eingesparten gesättigten Fettsäuren zu ersetzen, damit die Kost nicht zu fettarm für unsere Gewohnheiten wird
- Senkung des Zucker- und Alkoholverbrauchs, z. B. mit Rücksicht auf die Triglyzeride, Körpergewicht und Fettleber
- Senkung des Kochsalzverbrauchs
- Steigerung der Zufuhr an Ballaststoffen.

Neben diesen theoretischen Gesichtspunkten, die nicht mehr sein können als eine Richtschnur, nach der der betreuende Arzt seine Ernährungsberatung ausrichtet, muß ein zweiter Aspekt beachtet werden. In den Gruppengesprächen, die Ernährung zum Thema haben, zeigt sich – vor allem wenn die Ehepartner beteiligt sind – bald, daß alle damit verbundenen Fragen nicht nur auf der sachlich-inhaltlichen Ebene bearbeitet werden, sondern daß sie einen Beziehungs-Aspekt von großer Tragweite für die Teilnehmer beinhalten. Er wird deutlich in der spürbaren inneren Beteiligung der Gesprächsteilnehmer, die eine sachliche Auseinandersetzung oft erschwert oder unmöglich macht. Wahrscheinlich muß der gruppenbetreuende Arzt sich auf lange Sicht auch mit der Psychologie der Ernährung befassen, um nicht zu übersehen, daß es in den Gesprächen nicht nur um einige Kilogramm Körpergewicht mehr oder weniger geht. Gerade im Bereich des Essens, Nichtessens, Andersessens wird eine große Zahl partnerschaftlicher Konflikte und ehelicher Machtkämpfe ausgetragen. Wir beobachteten in vielen Fällen, daß Fragen der Ernährung offenbar ganz empfindlich den kleiner werdenden „Herrschaftsbereich“ der älter werdenden Frau berührten, deren Protektion und Überprotektion sich der Infarktkranke entweder unterwarf oder in komplizierten, beiden unbewußten Strategien, die vordergründig rationalisiert wurden, zu entziehen trachtete. Analoge Langzeitbeobachtungen machen die Gruppenleiter bezüglich des Rauchens oder Nichtrauchens der Teilnehmer und ihrer Lebenspartner, aber auch in Fragen des Alkohol- und Kaffeegenusses. Wir werden sowohl dem Patienten als auch seinem Lebenspartner nur dann wirklich gerecht, wenn wir uns nicht nur mit der Ernährungsphysiologie, sondern auch mit der Dynamik der Ernährungspsychologie befassen. Zweifellos könnte in manchen ambulanten Koronargruppen die Ernährungsberatung verbessert werden, wenn der Arzt es gelernt hätte, nach den Regeln der themenzentrierten Interaktion auch dieses Thema zu bearbeiten. Wo eine Balint-Gruppe die Funktion eines Supervisors hat, sollten gerade Schwierigkeiten in der Ernährungsberatung mit eingebracht werden.

2.3.4.4. Fahrtauglichkeit, Flugtauglichkeit, Urlaubsprobleme

Bezüglich der Fahrtüchtigkeit von Koronarkranken gibt es unter Kardiologen sehr unterschiedliche Einstellungen und Urteile, die von großer Tragweite für den Alltag der Gruppenmitglieder sind. Wer zu besonderer Vorsicht und Zurückhaltung neigt, kann sich auf Bedenken und Überlegungen berufen, wie sie in den allgemeinen Vorbemerkungen zum Abschnitt 4 (Herz-Kreislaufkranke) im Gutachten des gemeinsamen Beirats für Verkehrsmedizin beim Bundesministerium für Jugend, Familie und Gesundheit (bearbeitet von LEWRENZ 1973) zum Ausdruck kommen:

> „Die steigende Zahl der Herz-Kreislaufkranken, neue Behandlungsmethoden (Herzschrittmacher, Herzklappenprothesen), zunehmende Belastung durch unzweckmäßige Lebensweise, ständig steigende Kraftfahrzeugzulassungen und Zunahme der Zahl aktiver Kraftfahrer wie die zwangsläufig steigende Zahl der älteren und für Erkrankungen anfälligeren Fahrerlaubnisinhaber führen zu einer unvermeidlichen Risikovergrößerung im Straßenverkehr. Nur ein Bruchteil aller Verkehrstoten kommt zur Sektion, weil die Unfallursache im allgemeinen unproblematisch scheint. Unter diesen Voraussetzungen wird man gerade bei Unfällen durch Herz-Kreislauf-Zwischenfälle mit einer beträchtlichen Dunkelziffer rechnen können. Bei Beurteilung der Kreislauferkrankung ist im Einzelfall das Zusammenwirken verschiedener Faktoren zu berücksichtigen (Lebensalter, Arzneimittelwirkung, Lebensführung, vitale Belastbarkeit, Erfahrung, Bereitschaft zur Einstellung auf das Leiden u. a.). Mit Grenzwerten können darum nur Orientierungsmerkmale gesetzt werden. Sie sind nicht das entscheidende Eignungskriterium.“

Wo aber soll der Arzt das entscheidende Eignungskriterium suchen? Die Antwort ist im Einzelfall schwierig und ein pauschales Fahrverbot oder ein „großzügiger“ Führerscheinentzug bedeuten im Leben eines Menschen im Industriezeitalter eine derart einschneidende Maßnahme („soziale Amputation“), daß eine wohlbegründete gutachterliche Stellungnahme verlangt werden muß. Da bei einer kritischen Literaturübersicht zu diesem Thema doch weniger als 1% aller Verkehrsunfälle durch eine Erkrankung des Fahrers verursacht oder mitverursacht zu sein scheinen, ist die Fahrtauglichkeit nach unserer Erfahrung nur bei folgenden Gegebenheiten nicht mehr sicher gegeben:

- Gefährliche Rhythmusstörungen, die medikamentös oder durch einen Schrittmacher nicht zu beherrschen sind (im Zweifelsfall Bandspeicher-EKG-Aufnahme während einer schwierigen Autofahrt).
- Herzinsuffizienz in Ruhe bzw. bei leichter körperlicher Belastung (im Zweifelsfall Druckmessung im pulmonalen Kapillarkreislauf mit dem Einschwemmkatheter).
- Zerebrale Insuffizienzzeichen, z. B. bei ungenügend kontrolliertem Hochdruck oder fortgeschrittener allgemeiner Sklerose (im Zweifelsfall neurologisch-psychiatrisches Fachgutachten).
- Medikamentös nicht genügend beherrschbare Stenokardie-Neigung oder hyperkinetisches Herzsyndrom, besonders wenn es im Straßenverkehr zu Exazerbationen kommt (im Zweifelsfall Streßtest) (HALHUBER 1979).

Abgesehen von diesen Kontraindikationen sind wir bezüglich des privaten Autofahrens auf Grund aller bisherigen Erfahrungen großzügig. Nicht zuletzt, weil ein Fahrverbot unter Umständen den Patienten mehr belastet (und seine Katecholaminausschüttung dadurch erhöht) als eine vernünftige Form des Umgangs mit dem Kraftwagen. Es kommt ja sehr darauf an, ob das Lenken eines Kraftfahrzeuges mit erheblichen nervösen Belastungen und Puls- und Blutdrucksteigerungen für den Patienten verbunden ist, oder ob das Auto für ihn ein erholsames Refugium bedeutet, mit dem er sich aus der Enge und den unvermeidlichen Spannungen in einer Anderthalb-Zimmer-Wohnung im Großstadtzentrum zu einem Waldspaziergang flüchten kann. Die hier vertretene Großzügigkeit gilt allerdings nur für Autofahrer, die ein Privatfahrzeug lenken. Für Berufskraftfahrer, die den ganzen Arbeitstag lang unter den besonderen Belastungen dieser Tätigkeit stehen, müssen die strengen Empfehlungen und Bestimmungen des Gutachtens des gemeinsamen Beirates für Verkehrsmedizin beim Bundesminister für Verkehr und beim Bundesminister für Jugend, Familie und Gesundheit (LEWRENZ 1973) berücksichtigt werden.

Auch die Frage nach der Flugtauglichkeit wird im Gruppengespräch immer wieder gestellt, vor allem zu Beginn der Urlaubssaison. Bezüglich des Fliegens müssen das etwaige kardiale Risiko und die psychosoziale Bedeutung einer Flugreise, z. B. zu Kindern, die in Kanada verheiratet sind, gegeneinander sorgfältig abgewogen werden. Drei Arten von Belastungen für Koronarkranke während einer Flugreise müssen unterschieden werden:

1. die physikalischen Belastungen des Flugs infolge atmosphärischer Höhenbedingungen und abrupter Flugzeugbewegungen
2. die psychischen Belastungen einer Flugreise
3. die sekundären Belastungen nach einem Flug infolge abrupten Klima- und Temperaturwechsels und der Zeitverschiebung (MATZDORFF 1975).

Zu 1. Auch in Maschinen mit Druckausgleichskabinen nimmt der Luftdruck mit steigender Lufthöhe ständig ab. Durch die Druckkabine wird nur das Unterschreiten eines biologisch notwendigen Mindestdrucks von 560 bis 590 mm Hg verhindert, d. h. daß bei der im zivilen Luftverkehr mit Düsenmaschinen maximalen Flughöhe von 12 – 13 km – wie z. B. im Interkontinentalverkehr – der Luftdruck in der Kabine auf einer effektiven Höhe von 2100 bis 2400 m über dem Meerespiegel gehalten wird. Zwischen 2000 und 3000 m setzen aber auch bei Gesunden bereits die ersten Regulationsveränderungen ein, es kommt zu einer Zunahme der Herzfrequenz und des Herzminutenvolumens, zu einer kompensatorischen Hyperventilation und zur Erhöhung des Lungengefäßwiderstandes (WEIDEMANN 1972).

Da Patienten mit eingeschränkter Koronarreserve nicht nur eine herabgesetzte Arbeitstoleranz, sondern auch eine herabgesetzte Hypoxietoleranz haben und zwischen beiden Toleranzen eine enge Korrelation besteht, kann man mit dem Belastungs-EKG auch objektive Beurteilungskriterien für die Flugtauglichkeit der Teilnehmer gewinnen. Ein Patient, bei dem schon bei 25 Watt Angina pectoris-Beschwerden oder deszendierende ST-Senkungen auftreten, wird bereits in einer Höhe von 3000 m bei absoluter Körperruhe Stenokardien bekommen. Wenn aber 50 Watt ohne Stenokardie, ohne Ischämie-Reaktion im EKG und ohne Rhythmusstörungen geleistet werden können, so können wir auch die Teilnehmer einer Koronarübungsgruppe bezüglich des Fliegens entängstigen und ermutigen, vor allem wenn sie vor dem Infarkt gerne, angstfrei und mit Genuß geflogen sind.

Zu 2. Die individuelle Angst vor dem Fliegen, die ja häufig auch der Grund für die Frage an den Gruppenarzt ist, ob man überhaupt fliegen dürfe, verdient unsere besondere ärztliche Aufmerksamkeit. Hier sollte man im Gruppengespräch sehr sorgfältig den Gründen und Hintergründen dieser Angst nachgehen. Was spricht unter psychosozialen Aspekten für – was spricht gegen den Flug? Ist der Besuch bei den Kindern in Kanada ein dringendes Bedürfnis, die Flugreise jedoch mit großer Angst verbunden, so sind wir nicht kleinlich in der Empfehlung von beruhigenden Mitteln und Tranquilizern.

Zu 3. Die bei Langstreckenflügen auf der Ost-West-Achse auftretenden Zeitverschiebungen können 9 Std und mehr betragen und führen zu einer erheblichen Belastung der biologischen Tagesrhythmik. Zwar ist eine gewisse Anpassung und biologische Synchronisation mit der Ortszeit schon durch einen relativ kurzen Schlaf zu erreichen, die volle Umstellung erfordert jedoch 3 – 6 Tage. Besonders belastend ist die doppelte Desynchronisation bei etwa 8 Tagen Aufenthalt am Zielort und anschließendem Rückflug. Dennoch werden Flugreisen auch von Infarktkranken im allgemeinen besser und mit weniger Risiko vertragen, als anzunehmen wäre. Es hätte sich bei der großen Zahl von Fluggästen, die ja überwiegend aus koronargefährdeten Berufen kommen, schon längst herumgesprochen, wenn hier ein überdurchschnittliches Risiko bestünde. Von seiten der Ärzte der Fluggesellschaften werden grundsätzlich nach einem Herzinfarkt ohne Komplikationen Flugreisen nach 6 Monaten wieder erlaubt. Flüge innerhalb Europas kann man bei einem komplikationslosen Erstinfarkt jedoch auch schon nach 6 Wochen wieder gestatten, wenn der Patient beschwerdefrei ist, gern fliegt, und wenn die Flugreise eine lange, anstrengende Auto- oder Bahnreise ersetzen könnte. Aber so früh wird die Frage in den ambulanten Koronargruppen kaum gestellt.

In der Beurteilung der Flugtauglichkeit nach Infarkt kann man sich also – abgesehen von der absoluten Kontraindikation in den ersten Wochen – weniger an ein Zeitschema als an das leistungsbezogene Schema für die Ausheilungsstadien des Herzinfarktes halten. Danach stellen die Ausheilungsstadien 1 und 2 für Flugreisen innerhalb Europas keine, das Stadium 2 nach 6 Monaten auch für Interkontinentalflüge nur eine relative, das Stadium 3 und 4 jedoch in jedem Falle eine absolute Kontraindikation für Flugreisen dar. Für das Gruppengespräch bedeutet das Thema Fliegen die Möglichkeit, somatische, organmedizinische und psychosoziale Aspekte des Herzinfarktes zu thematisieren. In den meisten Fällen kann man als Arzt entängstigen und ermutigen – manchmal bedeutet das Thema Fliegen und Nicht-mehr-Fliegen aber auch eine Auseinandersetzung – nicht so sehr mit Gebot und Verbot des Arztes – als mit eigener Begrenzung und Verzicht.

Urlaubsprobleme

„Das tragende und überragende Element des Urlaubs ist sicher die Freiheit von Zwang und von Zweck, d. h. das Mensch-Sein oder wieder Mensch-Werden nach eigengesetzlichen Entwürfen. „Man-selbst-Sein" dürfen, aus dem aufgezwungenen Fremdrhythmus unseres hochzivilisierten Lebens, zum individuellen Grundrhythmus unserer persönlichen Veranlagung zurückzustreben, ist ein noch erhaltener Rest gesunden Instinkts" (Bock 1973). Obwohl also Urlaub (althochdeutsch: Erlaubnis) die Erlaubnis zu sein oder zu werden, wer man ist, sein sollte, ist für die Gruppenmitglieder die Unsicherheit bezüglich der Möglichkeiten und Grenzen erfahrungsgemäß groß und die Verbotsliste von seiten der behandelnden Ärzte nicht klein. Dies spiegelt wohl zum Teil die große Unsicherheit der Ärzte wider, die sich selten auf Ergebnisse der noch jungen Erholungsforschung beziehen können. Eine der ersten Fragen ist jene nach dem geeigneten Urlaubsklima. In den ersten 3 Monaten nach dem Infarkt und bei schweren Infarktfolgen (Mitglieder der Koronarübungsgruppe) ist eher ein Schonklima als ein Reizklima zu empfehlen: die Ostsee ist günstiger als die Nordsee, das Mittelgebirge günstiger als das Hochgebirge über 2000 m. Aber gerade bezüglich der Höhenlage ist heute der lange Zeit wie ein Dogma geltende Satz: „Keine Höhen über 1000 m!" nicht mehr allgemein akzeptiert. Gerade Orte um 1000 m, in denen man im Winter dem Nebel und im Sommer der Schwüle der Tieflagen entkommt, sind für Infarktkranke und Hochdruckkranke besonders gut verträglich, gleichgültig ob sie in den Mittelgebirgen oder in den Alpen liegen. Bei 167 Koronarkranken (Durchschnittsalter 63 Jahre), von denen 35 bereits einen oder mehrere Infarkte durchgemacht hatten, kam es weder bei der Anreise noch während des Höhenaufenthaltes um 2000 m, noch in der anschließenden Reakklimationsphase in der Ebene zu ernsten Störungen. Bei keinem Patienten traten in der Höhenlage erstmals Stenokardien oder Rhythmusstörungen auf. Die Mehrzahl aller Patienten zeigte eine deutliche Verbesserung der Kreislaufleistungsbreite und Abnahme der Pulsfrequenz während der Ergometrie. Dabei wiesen Koronarkranke mit Hochdruck dieselben günstigen Wirkungen auf wie Hypertoniker ohne ischämische Herzerkrankung (INAMA u. HALHUBER 1971).

Neben Urlaubsort, Urlaubsdauer, günstiger Jahreszeit und Anreisemodalitäten sollte die Urlaubsgestaltung im Gruppengespräch behandelt werden. Wenn der Urlaub der „Auszug aus dem Alltag" ist, das „ganz Andere", wie bringt der Infarktkranke körperliche und psychosoziale Ausgleichsbedürfnisse in Einklang? (Als Slogan: „Trimmen und Träumen!") Fragen der vernünftigen Ernährung am Urlaubsort, der ausreichenden körperlichen Bewegung, die Spaß macht, der medikamentösen Therapie und gegebenenfalls der ärztlichen Betreuung, aber auch Fragen zu Entspannung und Erlebnis als wichtige Teilkomponenten eines gelungenen Urlaubs können aus der Lebens-, Krankheits- und Urlaubserfahrung aller im Gruppengespräch besonders umfassend und vielseitig behandelt werden.

2.3.4.5. Physikalische Therapie

Bei dem heute im Vordergrund stehenden Interesse an der aktiven Bewegungstherapie in der Nachbehandlung des Herzinfarktes, die ja auch in den ambulanten Koronargruppen im Vordergrund steht, sollten wir die Bedeutung und die Möglichkeiten physikalischer Behandlungsverfahren nicht unterschätzen. Durch die heutige Arbeits- und Lebensweise, mit Abnahme der körperlichen Arbeit und vorwiegendem Aufenthalt in geschlossenen, gleichmäßig temperierten Räumen, werden nicht nur der Muskel- und Zellstoffwechsel, d. h. die endogene Wärmeproduktion, sondern auch die Wärmeregulation ungenügend beansprucht, also ungenügend funktionell geübt. Nach einem Herzinfarkt mit längerer Bettruhe und körperlicher Schonung sind deshalb zur Ökonomisierung und Stabilisierung der vegetativen Regulation neben dem körperlichen Training auch thermotherapeutische Maßnahmen zur übenden Beanspruchung der Wärmeregulation angezeigt. Dosierte Kältereize führen zu einer sog. gekreuzten Adaptation an eine muskuläre Beanspruchung. Hydrotherapie hat ebenso wie die Bewegungstherapie einen psychotherapeutischen Effekt und kann auch in dieser Hinsicht in der schlechten Jahreszeit die Bewegungstherapie zu einem Teil ersetzen. In den Koronarübungsgruppen gibt es eine ganze Reihe von älteren, schwer geschädigten Patienten, bei denen eine aktive Bewegungstherapie nur in reduziertem Umfang möglich ist. Viele von ihnen, ebenso auch ältere, übergewichtige Frauen, die nur schwer dazu zu bewegen sind, im Stadtzentrum im Trainingsanzug zu „joggen", könnten aber zu Hause eine einfache, häusliche Hydrotherapie regelmäßig durchführen. Durch eine Kombination von mechanischen und thermischen, hydrotherapeutischen Reizen läßt sich die Reizintensität erhöhen und ein gleich starker Effekt bei schwächeren Einzelreizen erzielen. Außerdem kann die Intensität eines Wärme- oder Kältereizes sozusagen kaschiert werden und damit die Grenzen des subjektiven Wohlbefindens bzw. der Verträglichkeit erweitert werden (BRANOVIC 1970, zit. nach MATZDORFF 1975).

Auch wenn physikalische Behandlungsmaßnahmen zu den ältesten therapeutischen Verfahren gehören, mit denen eine wesentliche subjektive Linderung bei verschiedenen Beschwerden erzielt werden kann, so ist doch für viele Behandlungsarten noch keine befriedigende naturwissenschaftliche Begründung erbracht worden, da die Wirkung meist eine Resultante verschiedener, kaum differenzierbarer Komponenten darstellt und das Interesse der naturwissenschaftlichen Medizin an diesen tradierten Behandlungsverfahren relativ gering ist. Dennoch erscheint es aus der Sicht der ambulanten Koronargruppe wünschenswert, daß der Infarktkranke während der stationären Rehabilitation (Phase 2 nach WHO) die physikalischen Maßnahmen kennen und anerkennen, d. h. durchführen lernt, die er zu Hause ein Leben lang beibehalten könnte:

a) Die Hauttrockenbürstung

Sie hat sich wegen ihrer Einfachheit und guten Wirksamkeit der Nachbehandlung des Herzinfarktes sehr bewährt und ist besonders nach langer Bettruhe und bei hypotonen Kreislaufstörungen angezeigt. Man benötigt dazu eine große Badebürste mit Naturborsten und Schlaufe, in die man zum Rückenbürsten einen Stiel einführen kann, oder einen aus Naturfasern bestehenden Handschuh. Mit Bürste oder Handschuh wird in langen Strichen die Haut von den Füßen und Händen über Oberschenkel und Leib bzw. Oberarm, Schulter und Brustkorb in Richtung des Herzens massiert. Bei den Hauttrockenbürstungen handelt es sich um eine besondere Art der Streichmassage, die zu einer milden Hautreizung führt und eine leichte Hautrötung und ein angenehm lang anhaltendes Wärmegefühl bewirkt. Diese Wirkung kann man noch dadurch verstärken, daß man nach der Bürstung die Haut rasch kühl abwäscht (MATZDORFF 1975).

In Sportvereinen, in denen Arzt, Übungsleiter und Patienten nach der Bewegungstherapie miteinander duschen, könnte eine Wechseldusche durchgeführt und eingeübt werden, die mit dem Kühl-Duschen abgeschlossen wird. Zugleich kann man über kalte Waschungen, Armbäder, Kaltwassertreten in der häuslichen Badewanne an heißen Sommertagen oder das temperaturabsteigende Bürstenbad sprechen.

b) Das temperaturabsteigende Bürstenbad

verbindet die mechanische Wirkung einer Hautbürstung mit dem thermischen Reiz eines kühlen Bades. Im typischen Fall wird das Bürstenbad als Vollbad gegeben. Bei Beginn der Bürstenmassage beträgt die Wassertemperatur 36 – 38 °. Während der 10 – 15 min, in denen der Bademeister mit zügigen Strichen den ganzen Körper mit einer Badebürste nach der gleichen Technik wie beim Trockenbürsten massiert, läuft ständig kaltes Wasser bis zu einer Endtemperatur von 25 – 21° nach. Andere Schulen führen die Bürstenmassage bei gleichbleibender Temperatur von 36 – 38 ° durch, lassen die Patienten nach Beendigung der Massage noch einige Minuten im Wasser sitzen und senken dann erst 1 – 2 min vor Beendigung des Bades die Wassertemperatur. Das Bürstenbad setzt ein gewisses Maß an kardialem Leistungsvermögen und vasomotorischer Regulationsfähigkeit voraus, kann jedoch bei komplikationslos abgeheiltem Herzinfarkt etwa nach 4 – 6 Monaten eingesetzt werden. Es wird von den meisten Patienten, insbesondere von den Hypotonikern, als sehr erfrischend und leistungssteigernd empfunden. Wir empfehlen diesen Patienten, die Behandlung zu Hause in der Badewanne oder, da eine Bürstenselbstmassage im Stehen einfacher, schneller und von alten und weniger gelenkigen Patienten auch besser durchgeführt werden kann, unter einer Brause fortzusetzen (MATZDORFF 1975).

c) Die Sauna

Sie hat nach dem Krieg eine weite Verbreitung in der Bundesrepublik gefunden. Erfahrene Saunagänger fragen oft schon in der Rehabilitationsklinik, wann sie die Sauna wieder aufsuchen dürfen, und werden in vielen Rehabilitationskliniken auch wieder in das Saunieren eingeübt. Es handelt sich bei der Sauna um eine Heißlufthyperthermie in einer Umgebungstemperatur von 90 ° Celsius bei niedriger Luftfeuchtigkeit, was zu einer starken Schweißsekretion von 400 bis 500 g und einem Anstieg der Körpertemperatur auf 37,5 – 38,5 ° führt. Kreislaufbelastende Wirkungen konkurrieren mit entlastenden Effekten. Durch Dampfstöße, Kaltluftreize, kalte Duschen, kalte Güsse und Untertauchen in einem Kaltwasserbecken werden zusätzliche thermische Reize gesetzt, die man durch Hautbürstungen mechanisch intensivieren kann. Insgesamt kommt es zu einem Anstieg des Herzminutenvolumens und der Herzfrequenz und einer Verminderung des peripheren Widerstandes durch die starke Durchblutungssteigerung in der Haut, also zu einem „Training ohne Bewegung“. Wäh-

rend des Schwitzens kommt es nicht zu einer Blutdrucksteigerung, jedoch – wie telemetrisch durchgeführte Blutdruckmessungen ergaben – beim Untertauchen im Kaltwasserbecken, was etwa dem Blutdruckanstieg bei schwerer körperlicher Arbeit entspricht. Bei Hochdruckneigung empfehlen wir deshalb statt des Tauchbeckens Kaltluftreize, kalte Dusche, kalten Guß. Geübte Saunagänger können spätestens nach Rückkehr aus der stationären Rehabilitation wieder mit einer langsam ansteigenden Sauna-Dosierung beginnen. Neulinge, die das Saunieren gerne lernen würden, sollten ihre ersten Saunabesuche, vor allem aus psychischen Gründen, in Begleitung des gruppenbetreuenden Arztes vornehmen.
Als Kontraindikationen aus der Sicht der ambulanten Koronargruppe gelten:

1. Koronare und muskuläre Insuffizienz vom Schweregrad (Stadium) 3 und 4.
2. Nicht ausreichend beherrschbare, gefährliche Rhythmusstörungen.
3. Aktive entzündliche Erkrankungen, vor allem solche des Herzens (Endo-, Myo- oder Perikarditis).
4. Nicht befriedigend beherrschte Hypertonien, vor allem solche mit kardialer oder renaler Beteiligung.

Auch bezüglich der Sauna ist der große Spielraum des Erlaubten erfahrungsgemäß weiter als der Bereich des Verbotenen bzw. zu Verbietenden. Auch wenn uns harte Daten im streng naturwissenschaftlichen Sinn fehlen, können wir uns auf die Alltagsempirie in Finnland verlassen. Ehe ein dauerndes Saunaverbot ausgesprochen wird, sollten bewiesenes körperliches Risiko und möglicher psychosozialer Gewinn für den Patienten sorgsam gegeneinander abgewogen werden!

2.3.4.6. Die Koronarangiographie

Bevorstehende und durchgeführte Koronarangiographien sind, ebenso wie die Bypass-Operation, im Gruppengespräch ein immer wiederkehrendes Thema von existentieller Bedeutung für den Betroffenen und für die ganze Gruppe. Gruppe, Arzt und Übungsleiter müssen sich dabei mit dem „Urphänomen Angst" (LENNÉ 1978) befassen und auseinandersetzen. Invasive, aber auch nicht-invasive Untersuchungen lösen bei den meisten Menschen negative Gefühle aus, die von (unterdrücktem) Unbehagen bis zu panikartiger Angst gehen können. Im Gruppengespräch zeigen sich große interindividuelle Unterschiede in Angstbereitschaft, Angstausprägung, aber auch in den Angstreaktionen und Folgeerscheinungen: die Skala reicht von der situationsadäquaten „adaptiven" Angst (Realangst), die sich auf den bevorstehenden, unbekannten, als bedrohlich empfundenen und im einzelnen unüberschaubaren Eingriff richtet, bis zur lähmenden, panischen, destruktiven Angst, die nicht kompensiert werden kann und keine zweckgerichtete, sinnvolle Aktivität mehr zuläßt. Sie kann zum beherrschenden Faktor beim Patienten und seiner Familie werden.
Kardiochirurgen befassen sich zunehmend mit den psychischen Störungen, die nach operativen Eingriffen am Herzen beobachtet werden. Noch wird die Frage der Häufigkeit dieser postoperativen psychischen Störungen ganz unterschiedlich beantwortet: Chirurgen (von der EMDE u. NAVRATIL 1979) beobachten 10–12,5% derartiger postoperativer psychischer Störungen. Psychologen und Psychiater (FLEMING et al. 1978) geben einen Prozentsatz von 40–51,9 von Hundert an. Auch wenn es sich bei diesen postoperativen psychischen Störungen um den Ausdruck einer intraoperativ entstandenen Hirnschädigung handeln könnte, so gibt es eine Reihe von Persönlichkeitsfaktoren und situativen Einflüssen (seelische Belastungen, Faktoren der individuellen Einstellung zur Krankheit und zum Eingriff, Bedingungen, die im unmittelbaren Zusammenhang mit der Wartezeit, dem Klinikaufenthalt und dem Eingriff selbst stehen), die mit dem Auftreten dieser Störungen korreliert sind. Bei Persönlichkeitstests zeigten die Patienten, die postoperativ psychische Störungen entwickelten, schon präoperativ eine höhere Neigung zur Depression und eine niedrigere Frustrationstoleranz. Es waren Patienten, denen es schwerfiel, sich an die Empfehlungen ihres Arztes zu halten, die sich schwer für den Eingriff oder die Operation entschieden hatten, aber auch solche, die ihre Angst vor der Operation und deren Risiken verleugneten. Bei anderen Patienten schienen entmutigende „Horror"-

Berichte von Mitpatienten das Auftreten postoperativer seelischer Störungen zu begünstigen. Psychologen, Psychiater und Kardiochirurgen stimmen darin überein, daß eine bessere und umfangreichere „Aufklärung" der Patienten über den Hergang und die Folgen der Operation derartige Störungen seltener machen oder verhindern könne. Eine bessere und umfangreichere Aufklärung des Patienten bedeutet natürlich nicht nur „mehr Information", sondern auch mehr Kommunikation, eine höhere Kontaktrate zwischen Arzt und Patient, eine engere zwischenmenschliche Beziehung. Diese zwischenmenschliche Beziehung ist offenbar auch dann schon hilfreich, also psychotherapeutisch wirksam, wenn sie sich ohne besondere Technik und nicht besonders „kontrolliert und optimiert" ereignet (Psychotherapie = hilfreiche, kontrollierte und optimierte zwischenmenschliche Beziehung).

Untersuchungen über die Angstminderung durch ein präoperatives Gespräch mit dem Anästhesisten zeigten ähnliche Ergebnisse (LEIGH u. Mitarb. 1977): Hierbei wurde mit Hilfe des Spielberger-Selbstbefragungsbogens die aktuelle Situations-Angst, die von Umgebungsfaktoren abhängt, von der Angstpersönlichkeit oder Persönlichkeits-Angst unterschieden. Die aktuelle Angst konnte durch den persönlichen Besuch des Anästhesisten und das Gespräch mit ihm deutlich besser beeinflußt werden als durch eine informierende Lektüre. Die Patienten, die vom Anästhesisten persönlich besucht worden waren, ertrugen den präoperativen und postoperativen Streß besser, hatten weniger Schmerzen, brauchten weniger Analgetika und erholten sich schneller von dem Eingriff als eine Kontrollgruppe.

Eine sozialmedizinische Fragebogenerhebung bei sozial- und privatversicherten Patienten nach Koronarangiographie (MÜLLER 1978) ging der Frage nach subjektiv empfundenen psychosomatischen Reaktionen im Anschluß an diese invasiv-diagnostische Maßnahme nach. Es wurden 50 sozialversicherte Patienten der Klinik Höhenried und 50 privatversicherte Patienten der Klinik „Lauterbacher Mühle" (mittels geschlossener und offener Fragen) an Hand eines Fragebogens befragt. Sozialversicherte gaben häufiger psychische Störungen auf Grund der Ergebnisse der Koronarangiographie an als Privatversicherte:

	Sozialversicherte	Privatversicherte
Vermehrte Angst	31%	4%
Depression	33%	10%
Schlafstörungen	38%	12%

Die Dauer dieser Zustände war in den meisten Fällen kurz, bis zu drei Wochen, bei Sozialversicherten aber auch länger anhaltend. Inwieweit Persönlichkeits-Angst und aktuelle Angst des Patienten vor und während der Koronarangiographie in Beziehung zu psychosomatischen Reaktionen danach steht, geht aus dieser Erhebung nicht hervor.

Bisher hat sich der allgemeine Eindruck, daß es ängstliche und weniger ängstliche Menschen gibt, wissenschaftlich noch nicht so objektivieren lassen, daß wir die Intensität der Basalangst bei den Teilnehmern einer ambulanten Koronargruppe quantifizieren könnten. Daß allgemeine Ängstlichkeit und Situationsangst in einer Beziehung zueinander stehen, wird angenommen, hat sich aber ebenfalls nicht nachweisen lassen (LEVITTE 1973). Über die Kompensationsmechanismen, über die der einzelne verfügt, und über die Strategien der Angstbewältigung, die er einsetzen kann, können wir im Gruppengespräch nur einen Eindruck gewinnen. Daß eine Gruppe und ein Gruppengespräch Angst auffangen und mindern können, ist ein Evidenzerlebnis.

Wir haben versucht, unsere im Gruppengespräch gewonnenen Eindrücke und Erfahrungen besser zu belegen. Wir befragten 90 angiographierte Patienten retrospektiv mittels eines Fragebogens über ihre Gefühle und Wünsche bei der Koronarangiographie. Einige der Ergebnisse seien im folgenden wiedergegeben. Es handelte sich um 86 Männer und 4 Frauen mit einem Durchschnittsalter von 56 Jahren. 60 der Patienten waren Teilnehmer der beiden ambulanten Koronargruppen und Patienten der Intensivstation des Kreiskrankenhauses München-Pasing gewesen. 30 Patienten anderer Krankenhäuser wurden am Tag ihrer Bewerbung um Aufnahme in die beiden ambulanten Koronargruppen des Kreiskrankenhauses München-Pasing befragt.

1. Haben Sie sich vor der Koronarangiographie gefürchtet?

Nein: ....
Ein wenig: ....
Mittelmäßig: ....
Sehr: ....

2. Wenn Sie Furcht empfunden haben – wovor?

Vor dem Unheimlichen des Unbekannten: ....
Vor Schmerzen: ....
Vor Komplikationen: ....
Vor dem diagnostischen Ergebnis: ....
Vor möglichen Konsequenzen (z. B. Operation) ....

3. Welche Ihrer Befürchtungen waren rückblickend ganz unberechtigt?

Furcht vor dem Unheimlichen des Unbekannten: ....
Furcht vor Schmerzen: ....
Furcht vor Komplikationen: ....
Furcht vor dem diagnostischen Ergebnis: ....
Furcht vor möglichen Konsequenzen: ....

4. Welche Ihrer Befürchtungen waren rückblickend teilweise berechtigt?

Furcht vor dem Unheimlichen des Unbekannten: ....
Furcht vor Schmerzen: ....
Furcht vor Komplikationen: ....
Furcht vor dem diagnostischen Ergebnis: ....
Furcht vor möglichen Konsequenzen: ....

5. Welche Ihrer Befürchtungen waren völlig berechtigt?

Furcht vor dem Unheimlichen des Unbekannten: ....
Furcht vor Schmerzen: ....
Furcht vor Komplikationen: ....
Furcht vor dem diagnostischen Ergebnis: ....
Furcht vor möglichen Komplikationen: ....

6. Waren Sie ausreichend über den Eingriff informiert?

Ja: .... Nein: ....

7. Wenn ja, wodurch?

Gespräch mit Stationsarzt: ....
Gespräch mit Oberarzt oder Chefarzt: ....
Gespräch mit einem schon angiographierten Mitpatienten: ....
Durch entsprechende Lektüre, die Sie vom Arzt bekamen: ....
Durch entsprechende Lektüre, die Sie sich selbst verschafft haben: ....

8. Wenn nein, was hätten Sie sich zu Ihrer Information gewünscht?

Gespräch mit Stationsarzt: ....
Gespräch mit Oberarzt oder Chefarzt: ....
Gespräch mit schon angiographierten Mitpatienten: ....
Entsprechende Lektüre: ....
Entsprechenden Film: ....

9. Hat das Informationsgespräch mit dem Arzt gemeinsam mit Ihrem Ehepartner stattgefunden?

Ja: .... Nein: ....

10. Hätten Sie sich das Informationsgespräch mit dem Arzt gemeinsam mit Ihrem Ehepartner gewünscht?

Ja: .... Nein: ....

11. Was hat Sie im Zusammenhang mit der bevorstehenden Koronar-Angiographie nervlich beruhigt und entängstigt?

    Gespräch mit dem Stationsarzt: ....
    Gespräch mit dem Oberarzt: ....
    Gespräch mit schon angiographierten Mitpatienten: ....
    Entsprechende Lektüre: ....

12. Haben Sie Beruhigungsmittel in den Tagen vor der Koronar-Angiographie bekommen?

    Ja: ....
    Nein: ....
    Ich weiß nicht: ....

13. Hätten Sie sich Beruhigungsmittel oder mehr Beruhigungsmittel gewünscht?

    Ja: .... Nein: ....

14. Soll der angiographierende Arzt dabei schweigen und sich auf seine Arbeit konzentrieren oder dabei mit Ihnen sprechen und Ihnen erklären, was er tut?

15. Wie möchten Sie das Ergebnis übermittelt haben?

    Mündlich vom Arzt an Sie allein: ....
    Mündlich vom Arzt zusammen mit Ihrem Lebenspartner: ....
    Schriftlich in Form eines Befundberichtes: ....
    Schriftlich in Form einer Skizze: ....

    Bitte kreuzen Sie alles Gewünschte an und das, was Ihnen am wichtigsten ist, zweimal.

16. Wollen Sie bezüglich des Ergebnisses die sogenannte „ungeschminkte Wahrheit" auf jeden Fall erfahren?

    Ja: .... Nein: ....

    a) Wenn ja, warum: ....
    b) Wenn nein, warum nicht? ....

    Bitte lassen Sie uns in Stichworten wissen, ob und wie der Arzt Ihnen gegebenenfalls ungünstige Ergebnisse der Koronar-Angiographie mitteilen soll und was er gegebenenfalls nicht tun sollte.

Im folgenden einiges zu den Ergebnissen, soweit sie für das Gruppengespräch in ambulanten Koronargruppen von Interesse sind (die Zahlenangaben der Patienten, die nicht Teilnehmer einer ambulanten Koronargruppe und des Gruppengespräches bis zur Befragung waren, stehen jeweils in Klammer).

1. Haben Sie sich vor der Koronarangiographie gefürchtet?

Nein:	30 (5)	Mittelmäßig:	20 (10)
Ein wenig:	26 (7)	Sehr:	10 (8)

Bei den Teilnehmern der ambulanten Koronargruppe war der Anteil derer, die sich gar nicht oder ein wenig gefürchtet hatten, deutlich höher als bei den Nicht-Teilnehmern. Diese gaben häufiger an, sich mittelmäßig oder sehr gefürchtet zu haben. Die Informationen durch das Gruppengespräch und die hohe Kontaktrate mit Ärzten und Mitbetroffenen könnten zur Angstminderung beigetragen haben. Von den vier befragten Frauen, die Teilnehmerinnen der ambulanten Koronargruppen waren, hatten sich zwei mittelmäßig und zwei sehr gefürchtet. Es ist denkbar, daß Frauen Furcht leichter zugeben dürfen, während Männer, vor allem Unterschichtsangehörige, dieses Gefühl vor sich und ihrer Umwelt glauben verleugnen zu müssen. Während Furcht mit den in die Frau gesetzten Rollenerwartungen kompatibel ist, die sich ja fürchten darf, darf der Mann („der deutsche Junge weint nicht") mit Rücksicht auf sein in der Sozialisation erworbenes, inzwischen internalisiertes Männlichkeitsideal solche Gefühle nicht äußern, ja vielleicht nicht einmal mehr empfinden. Diese Rollenerwartung mag für ältere Männer der Unterschicht kompromißloser gelten als für jüngere Männer der Mittel- und Oberschicht.

2. Wenn Sie Furcht empfunden haben – wovor?

Vor Komplikationen:	30 (18)
Vor möglichen Konsequenzen (z. B. einer Operation):	26 (11)

Vor dem Ergebnis:	26 (9)
Vor dem Unheimlichen des Unbekannten:	18 (12)
Vor Schmerzen:	10 (7)

56 (25) Männer und 4 Frauen differenzierten ihre Angstgefühle vor der Koronarangiographie: Während die Angst vor dem Ergebnis und vor möglichen Konsequenzen für den Außenstehenden situationsadäquat erscheint, werden in beiden Gruppen Schmerzen und Komplikationsmöglichkeiten offensichtlich überschätzt, bei den Neulingen mehr als bei den Teilnehmern einer ambulanten Koronargruppe. Ein Patient beantwortete die Frage: Wenn Sie Furcht empfunden haben – wovor? mit: „Vor dem Sterben!" Im Gruppengespräch kann die Angst vor Komplikationen und Schmerzen reduziert werden. Der diagnostische Eingriff verliert etwas von der Unheimlichkeit des Unbekannten.

3. – 5. Welche Ihrer Befürchtungen waren

	rückblickend ganz unberechtigt?	*teilweise berechtigt?*	*völlig berechtigt?*
• vor möglichen Konsequenzen	24	8	2
• vor Komplikationen	16	12	4
• vor dem diagnostischen Ergebnis	10	8	8
• vor dem Unheimlichen des Unbekannten	10	6	2
• vor Schmerzen	6	6	4

(Die Befragten gaben meistens mindestens zwei Richtungen ihrer Furcht an; die 4 Frauen nannten übereinstimmend das diagnostische und prognostische Ergebnis und dessen mögliche Konsequenzen als Angstmotiv.)

Betrachtet man die Angstgefühle rückblickend, so erweisen sich einige als ganz unberechtigt, einige als teilweise berechtigt und einige als völlig berechtigt. 2 Patienten bezeichneten lapidar alle Befürchtungen rückblickend als ganz unberechtigt.

30 Patienten hatten *Angst vor Komplikationen* gehabt: 16 von ihnen empfanden diese Angst rückblickend als ganz unberechtigt, 4 Patienten hielten ihre Angst auch rückblickend für berechtigt: bei einem war es zu einer leichten Nachblutung, bei einem anderen zu Fieber gekommen.

26 Patienten hatten *Angst vor dem diagnostischen Ergebnis* gehabt: 8 Patienten empfanden diese Angst rückblickend als unberechtigt, für 10 Patienten entsprach das diagnostische Ergebnis ihren schlimmen Erwartungen.

26 Patienten hatten *Angst vor den Konsequenzen* der Koronarangiographie gehabt: 2 Patienten, denen der aortokoronare Bypass vorgeschlagen wurde, empfanden rückblickend ihre Angst als berechtigt, für 24 war sie rückblickend gegenstandslos geworden. Obwohl 26 Patienten in der Frage 2 Angst vor möglichen Konsequenzen angegeben hatten und die übrigen Teilnehmer der Befragung keine Angst davor zu haben schienen, schlüsselten in Frage 3, 4 und 5 acht weitere Patienten ihre Angst vor möglichen Konsequenzen weiter auf.

18 Patienten hatten sich vor dem *Unheimlichen des Unbekannten gefürchtet:* 2 Patienten fanden auch retrospektiv ihre Furcht berechtigt, für 10 Patienten verlor die Koronarangiographie an Unheimlichkeit, als sie nicht mehr unbekannt, sondern erlebt und damit bekannt war.

10 Patienten hatten Angst vor Schmerzen: Retrospektiv fanden 4 den Eingriff schmerzhaft und daher ihre Angst berechtigt, für 6 Patienten stellte sich die Angst vor Schmerzen als unberechtigt heraus.

1 Patient hatte bei der Frage 4: „Welche Ihr Befürchtungen waren rückblickend teilweise berechtigt?" die Furcht vor dem Unheimlichen des Unbekannten und die Furcht vor Schmerzen angekreuzt. Er erläuterte dies folgendermaßen: „Die Apparatur war für meinen breiten Thorax total unzureichend. Es gab unangenehme und unnötige Pannen und Schmerzen. $\frac{3}{4}$ Std mit nacktem Bauch auf kaltem Tisch in kaltem Raum. Zähneklappern. Mein Kopf hing herunter. Aber alle starrten nur auf den Monitor."

6. Waren Sie ausreichend über den Eingriff informiert?

Diese Frage beantworteten 86 der Befragten mit ja und 4 der Befragten mit nein. Die 4 Patienten, die sich nicht ausreichend informiert fühlten, waren Neulinge, aber 26 Patienten, die nicht

Mitglied einer ambulanten Koronargruppe waren, fühlten sich ebenso ausreichend informiert wie die 60 Gruppenmitglieder. (Daß die 60 Mitglieder der beiden ambulanten Koronargruppen des Kreiskrankenhauses München-Pasing sich so einstimmig als gut informiert bezeichneten, mag auch damit zusammenhängen, daß sie zu einem guten Teil sozial erwünschte Antworten geben wollten, zumal sie meist auch auf der Intensivstation des Kreiskrankenhauses gelegen hatten, dessen Stationsärztin ich war. Allerdings war die prädiagnostische Information stets über ausgedehnte „Bettkantengespräche“ hinaus, durch zusätzliche Lektüre und das Koronargruppengespräch erfolgt.)

Patienten-„Aufklärung“ wird heute als wichtige ärztliche Aufgabe angesehen und komplementär dazu wird dem Patienten ein Informationsrecht als unveräußerliches Grundrecht zugesprochen. Erhebungen von H. H. RASPE an Patienten internistischer und chirurgischer Abteilungen von Akutkrankenhäusern belegen ein verbreitetes und ausgeprägtes Informationsdefizit (H. H. RASPE 1976, 1977, 1978a – d). Je nach Indikator sind bei einem Viertel bis mehr als der Hälfte der untersuchten Krankenhauspatienten die Informationsbedürfnisse weder befriedigt, noch sind die juristischen Normen zur rechtlich gebotenen „Selbstbestimmungsaufklärung“ (RÜPING 1977) erfüllt. Als Hintergrund der eigenen Erfahrung mit Infarktpatienten in der ambulanten Koronargruppe bezüglich ihrer Information über die Koronarangiographie und Lävokardiographie sind im folgenden die Ergebnisse der drei, 1973 – 1976 durchgeführten Befragungen von H. H. RASPE wiedergegeben:

- Am zweiten Aufenthaltstag, also nach den ersten Arztkontakten, hatten 25% der Patienten den Eindruck, „ziemlich wenig“ und 23% sogar „gar nicht“ über ihre Krankheit Bescheid zu wissen.
- In der Mitte eines ca. 14tägigen Krankenhausaufenthaltes zeigten 52% der Patienten offen ihre Unzufriedenheit über den Mangel an Informationen.
- 67% wollten zum gleichen Zeitpunkt „gerne mehr über die Ursachen und Folgen“ ihrer Krankheit wissen. Am Ende des Krankenhausaufenthaltes äußerten mehr als 40% hohe, offenbar nicht befriedigte Informationsbedürfnisse. Dabei waren Ursachen und Folgen der Krankheit nach der vom Arzt vorgesehenen stationären Behandlungsdauer die bevorzugten Inhalte der Informationsbedürfnisse.
- Fragt man die Patienten am Ende des Aufenthaltes, ob der Arzt und sie über den weiteren Verlauf der Krankheit miteinander gesprochen hätten, so verneint etwa die Hälfte. Bereits 1973 sagten 54%, daß das nicht geschehen sei – daß sie es aber gerne möchten bzw. gewollt hätten.
- Ein Viertel der am Ende des Krankenhausaufenthaltes Befragten bejahte die Frage, ob sie selbst etwas unternommen hätten, außer sich an Ärzte und Schwestern zu wenden, „um mehr über ihre Krankheit in Erfahrung zu bringen“. Diese Patienten hatten Hausärzte angerufen oder sogar aufgesucht, Gesundheitsbücher gelesen, Kurven und Befundzettel studiert oder vertrauenswürdige Personen befragt.
- Betrachtet man endlich das „objektive“ Krankheitswissen am Ende des Krankenhausaufenthaltes, so ergibt sich – im Vergleich mit den Arztangaben – etwa folgendes Bild: Die Hälfte der Patienten hat ein gutes und einigermaßen vollständiges diagnostisches Wissen. Aus der Erhebung geht allerdings nicht hervor, woher die einzelnen Komponenten dieses Wissens stammen, wieviel davon z. B. Information durch den Bett-Nachbarn ist. Nicht ganz ein Drittel zeigt sich in groben Zügen und mit gewissen Lücken und etwa ein Fünftel kaum oder gar nicht informiert. Das therapeutische Wissen ist allgemein eher noch geringer.
- 54% der von RASPE 1973 befragten Patienten gaben an, daß der Arzt sie nie über Ansatzpunkte und Wirkweisen der medikamentösen Therapie informiert habe.

7. Wenn ja, wodurch?

Wie hatten sich die 86 (60 + 26) der 90 Teilnehmer informiert, die sich ausreichend informiert fühlten? (Mehrfachnennungen waren möglich):

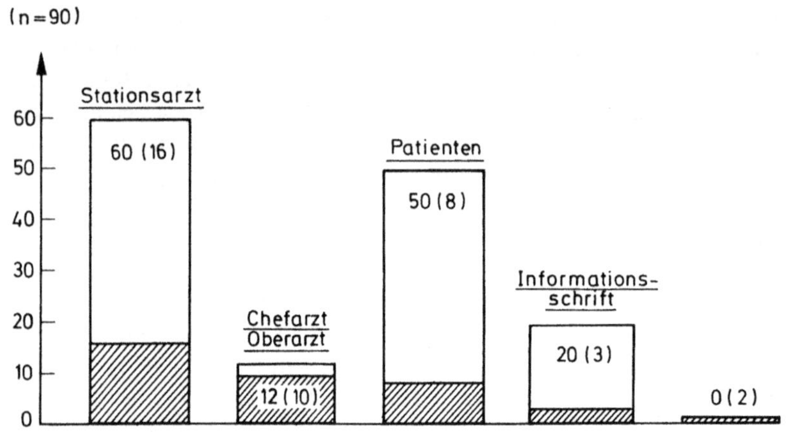

Abb. 9. Information der Patienten vor der Koronarangiographie

Gespräche mit dem Stationsarzt:	60 (16)
Gespräche mit einem schon angiographierten Mitpatienten:	50 (8)
Durch entsprechende Lektüre, die Sie vom Arzt bekamen:	20 (3)
Gespräch mit dem Chefarzt oder Oberarzt:	12 (10)
Durch entsprechende Lektüre, die Sie sich selbst verschafft haben:	0 (2)

60 Patienten hatten sich durch ein Gespräch mit dem Stationsarzt informiert und informiert gefühlt, diese „Quelle" und ein Gespräch mit dem Chefarzt oder Oberarzt des Krankenhauses, das 10 der „Neulinge" nannten, bildete vor allem für die Gruppenneulinge die wichtigste Informationsquelle. 50 Patienten hatten sich durch Gespräche mit schon angiographierten Mitpatienten informiert, vor allem in der ambulanten Koronargruppe. Diesen „informellen" Informationsweg, wahrscheinlich durch Freunde, Bekannte und Mitpatienten im gleichen Krankenhaus nannten nur 8 der 30 Befragten, die bis zur Befragung noch nicht Mitglied einer ambulanten Koronargruppe waren. 20 der Teilnehmer nannten als Informationsquelle Lektüre, die sie vom Arzt bekommen hatten, darunter befanden sich 3 Neulinge. 2 Neulinge hatten sich allerdings selbst informierende Lektüre verschafft.

Aus diesen Antworten wird deutlich, welch hohen Stellenwert die Information durch angiographierte Mitpatienten hat, wie sie in der Gruppe vermittelt wird, für diejenigen, denen eine Koronarangiographie bevorsteht.

8. Wenn nein, was hätten Sie sich zu Ihrer Information gewünscht?

Von den 4 Patienten, die sich retrospektiv nicht ausreichend über die Koronarangiographie informiert fühlten, wünschten sich alle ein Gespräch mit dem Stationsarzt (das entweder tatsächlich nicht erfolgt ist oder nicht ausführlich genug war). Alle 4 Patienten versprachen sich mehr Information von einem Gespräch mit dem Oberarzt oder Chefarzt, und 2 der Patienten wünschten sich Lesestoff über die Koronarangiographie. 2 Patienten von den 86, die sich eigentlich ausreichend informiert gefühlt hatten, wünschten sich dennoch zusätzlich ein Gespräch mit dem Oberarzt oder dem Chefarzt des Krankenhauses.

9. Hat das Informationsgespräch mit dem Arzt gemeinsam mit Ihrem Ehepartner stattgefunden?

Nein: 62 (3 Patienten ohne festen Partner lebend)
Ja: 28 (1 Ausländer)

10. Hätten Sie sich das Informationsgespräch mit dem Arzt gemeinsam mit Ihrem Lebenspartner gewünscht?

Nein: 28
Ja: 16

Mit 62 Patienten (3 ohne festen Lebenspartner) hatte der Arzt über die bevorstehende Koronarangiographie allein gesprochen. 16 von ihnen wäre es lieber gewesen, wenn der Lebenspartner in dieses Gespräch einbezogen worden wäre. 28 Patienten, darunter ein Ausländer, hatten das Informationsgespräch über die Koronarangiographie zusammen mit ihrem Ehepartner erlebt. 20 hatten sich die Teilnahme des Lebenspartners bei diesem Gespräch gewünscht, aber 8 Patienten wäre es lieber gewesen, der Stationsarzt hätte mit ihnen allein über den bevorstehenden Eingriff gesprochen.

Der Arzt sollte also, unabhängig von seinen eigenen Vorstellungen von Partnerschaft, den Patienten fragen, ob derartige Gespräche, die ja neben der sachlichen Information über die Koronarangiographie auch persönliche Dinge dem Ehepartner preisgeben, von ihm mit dem Patienten allein geführt werden sollen. Juristisch gilt die Schweigepflicht ja auch gegenüber dem Ehepartner des Kranken.

11. Was hat Sie im Zusammenhang mit der bevorstehenden Koronarangiographie nervlich beruhigt und entängstigt?

Diese Frage beantworteten alle 90 Befragten, wobei Mehrfachnennungen möglich waren.

Gespräch mit dem Stationsarzt	54 (16)
Gespräch mit dem Oberarzt, Chefarzt	26 (18)
Gespräch mit angiographierten Mitpatienten	24 (3)
Informationsschriften	6 (0)

Offenbar entängstigt und beruhigt das Gespräch mit dem Stationsarzt in hohem Maße, in diesem Zusammenhang ist für die Koronargruppenteilnehmer auch das Gespräch mit angiographierten Mitpatienten in der Gruppe von Bedeutung. Bei Neulingen bekommt das zwangsläufig kurze Gespräch mit Oberarzt oder Chefarzt während der Visite einen hohen Stellenwert, vor allem wenn vermittelte Gruppen- oder Einzelgespräche mit angiographierten Mitpatienten eher die Ausnahme darstellen. Dabei fällt auf, daß das Gespräch mit Oberarzt und Chefarzt mehr zu entängstigen und zu beruhigen als zu informieren scheint.

12. Haben Sie Beruhigungsmittel in der Zeit vor der Koronarangiographie bekommen?

Nein:	48 Patienten
Ja:	22 Patienten
Ich weiß nicht:	20 Patienten

13. Hätten Sie sich Beruhigungsmittel oder mehr Beruhigungsmittel in der Zeit vor der Koronarangiographie gewünscht?

Nein:	74 Patienten
Ja:	6 Patienten
Keine Antwort:	10 Patienten

Auf die Frage, ob sie sich überhaupt ein Beruhigungsmittel oder eine höhere Dosierung gewünscht hätten, antworteten 74 der Befragten mit nein. Das bedeutet, daß 20 der Patienten, die annahmen, ein Beruhigungsmittel bekommen zu haben, damit nicht einverstanden gewesen wären (oder das Mittel nicht genommen haben), wenn man sie dazu befragt hätte. Denn 6 Patienten bejahten die Frage, ob sie sich ein Beruhigungsmittel oder eine höhere Dosierung gewünscht hätten: 2 aus der Gruppe der 22, die angenommen hatten, ein Beruhigungsmittel bekommen zu haben, 2 aus der Gruppe der 48, die ihrer Meinung nach kein Beruhigungsmittel bekommen hatten, und 2 aus der Gruppe der 20 Patienten, die die diesbezügliche Frage nicht hatten beantworten können. 10 Patienten beantworteten diese Frage nicht.

14. Soll der angiographierende Arzt dabei schweigen und sich auf seine Arbeit konzentrieren oder dabei mit Ihnen sprechen und Ihnen erklären, was er tut?

Sprechen und erklären:	62 Patienten
Schweigen und konzentrieren:	12 Patienten
Keine Antwort:	10 Patienten
Schweigen und konzentrieren oder sprechen und erklären:	6 Patienten

6 der 90 Befragten wollten die Entscheidung darüber dem angiographierenden Arzt überlassen. 10 der Befragten beantworteten die Frage nicht. 12 der Patienten waren der Meinung, der Arzt solle bei der Koronarangiographie schweigen und sich auf seine Arbeit konzentrieren, aber 62 Patienten wünschten, daß er mit dem Patienten spräche und erklären würde, was er tut: „Man ist dankbar für jedes Wort und möchte nicht als

Sache behandelt werden!" Häufig wurde die Angstminderung genannt, die damit verbunden wäre. „Der Arzt soll mit mir sprechen und nicht mit anderen über mich!" Von den 12 Teilnehmern, denen es lieber wäre, wenn der Arzt schweigen und sich konzentrieren würde, waren 10 gar nicht oder ein wenig ängstlich, einer mittelmäßig und einer sehr ängstlich. Von den 62 Teilnehmern, die einen mit dem Patienten sprechenden und ihm erklärenden Arzt vorgezogen haben, hatten sich 28 mittelmäßig bzw. sehr vor der Koronarangiographie gefürchtet. Im Gruppengespräch wurde bei der Schilderung einer persönlichen Erfahrung mit der Koronarangiographie oft positiv hervorgehoben, wenn der angiographierende Arzt freundlich und zugewandt gewesen war, wenn er zu erkennen gegeben hatte, daß er die negativen Gefühle des Patienten verstünde, kurz, wenn er mit dem Patienten gesprochen hatte. Danach wurde unter den Patienten wechselseitig am häufigsten gefragt.

15. Wie möchten Sie das Ergebnis übermittelt haben? (Mehrfachnennungen waren möglich)

mündlich vom Arzt an Sie allein:	44
schriftlich in Form einer Skizze:	44
schriftlich in Form eines ausführlichen Befundberichtes:	42
mündlich vom Arzt zusammen mit Ihrem Lebenspartner:	26

Ausführlicher Befundbericht, Skizze oder Einzelgespräch mit dem Arzt hatten den gleichen Stellenwert. Die Befundbesprechung zusammen mit dem Lebenspartner war nicht unbedingt selbstverständlich: nur 26 der 90 Befragten wünschten sich diese Form eines Dreier-Gespräches oder Gruppengespräches. Das bedeutet, daß der Arzt bei der Übermittlung des Angiographie-Befundes an beide Ehepartner sich vorher vergewissern muß, ob sein Patient äußerlich und innerlich seine Zustimmung zu dieser Gesprächsführung gibt. Von großer Bedeutung für die Patienten war auch ein Befundbericht oder eine Skizze über den Befund; nur wenige Teilnehmer der ambulanten Koronargruppe bekamen die Angiographiebefunde „auf offiziellem Weg" zu Gesicht. Innerhalb eines halben Jahres hatte sich aber fast jeder angiographierte Teilnehmer der ambulanten Koronargruppe seinen koronarangiographischen Befund verschafft, oft besaßen die Patienten auch Fotokopien. Im Gruppengespräch zeigte sich ein hohes Bedürfnis bei den Teilnehmern, den eigenen koronarangiographischen Befund nicht nur beim Hausarzt in Obhut zu wissen, sondern ihn selbst als wichtiges Dokument, dessen Einzelheiten man sich merken möchte, zu besitzen. „Schon, wenn man einmal ins Ausland reist!" Patienten, die eine Fotokopie ihres Befundberichtes besaßen, mit ihrem Arzt aber darüber nicht sprechen konnten, mißverstanden den Befund oft auf dramatische Weise und waren auch rein sprachlichen Mißverständnissen ausgesetzt:

Eine Patientin, die in einem Befundbericht, den sie sich auf inoffiziellem Weg verschafft hatte, das Wort „ca." nicht mit circa, sondern für sich mit „Karzinom" übersetzt hatte und mehrere derartige Abkürzungen in ihrem Brief gefunden hatte, geriet in eine schwere Verstörung, die anfangs für Gruppenleiter und Gruppenmitglieder völlig unverständlich war. Erst als in der Gruppe darüber gesprochen werden konnte, wie viele Patienten „halboffiziell" und auf Umwegen in den Besitz ihrer Befunde gekommen waren, oft z. B. mit Hilfe eines Arztwechsels, und als die Teilnehmerin im Anschluß an ein derartiges Gruppengespräch auch über ihren eigenen, sie ängstigenden Befund sprechen konnte, konnte das Mißverständnis geklärt werden.

16. Wollen Sie bezüglich des Ergebnisses die sogenannte „ungeschminkte Wahrheit" auf jeden Fall erfahren?

Ja:	86
Nein:	2
Nicht beantwortet:	2

Alle 86 Patienten, die die sogenannte „ungeschminkte Wahrheit" auf jeden Fall erfahren wollten, versuchten, eine Antwort auf diese Frage zu geben, wobei sich das Warum und das Wozu in den Antworten nicht scharf trennen ließ. Man könnte den Versuch machen, vier Bereiche gegeneinander abzugrenzen, die den Patienten wichtig waren. Sie lassen sich mit Hilfe der Wortwahl, die die Patienten trafen (Substantive und Verben), beschreiben.

Bereich: Information und Wissen: Hier fanden sich Begriffe wie: Tatsachen, Wahrheit, Information, wissen z. B., woran man ist. Vom Wissen um die Tatsachen wurde häufig ein beruhigender Effekt erwartet: „Ungewißheit macht unruhig und nervös, nimmt jeden Rest von Lebensfreude." Auf fünf Fragebogen war Wissen und Recht miteinander verbunden: „Es ist mein gutes Recht, zu erfahren, was mit mir los ist!"

Bereich: Innere Einstellung des Patienten zu seiner Krankheit, Vorstellung, daß es wichtig sei, den Befund zu erfahren, um die Lebensweise darauf einstellen zu können: Hier fanden sich Begriffe wie: Bewußtwerden, bewußtes Leben, innere Einstellung, Einstellung auf die Krankheit, Bestimmung des weiteren Lebensweges, Verhalten, Veränderung der Lebensweise, Umstellung, „um die Lebensweise kompromißlos den Erfordernissen anzupassen", mit Rücksicht auf den Beruf, und „als Nutzen für die zukünftige Lebens-, Verhaltens-Weisheit". Ein Patient schrieb: „Ich würde mir dann mehr Zeit für mich nehmen!"

Bereich: Maßnahmen für die Familie, die gegebenenfalls getroffen werden müßten: Hier hieß es: Vorsorge für die Kinder, Maßnahmen für die Familie, Sicherung für meine Frau, Versorgungssicherung, Verpflichtungen „abschließen" u. ä.

Bereich: Vertrauen zum Arzt und Vertrauensverhältnis zwischen Arzt und Patient.

Sinngemäß wurde in diesen Antworten ausgedrückt, daß dieses Vertrauensverhältnis gestört würde, wenn man nicht die Wahrheit erfahren würde, die aber später doch irgendwie „herauskommt".
Beide Patienten, die die Wahrheit nicht erfahren wollten, begründeten sie wörtlich mit dem Sprichwort: „Was ich nicht weiß, macht mich nicht heiß!"
3 der 86 Patienten, die eigentlich die sogenannte ungeschminkte Wahrheit auf jeden Fall erfahren wollten, schränkten diesen Wunsch dahingehend ein, daß der Arzt doch nicht die volle Wahrheit sagen solle, wenn es sehr schlimm sei, wenn die Zukunftsaussichten sehr schlecht seien bzw. wenn es keine Behandlungsmöglichkeiten (mehr) gäbe. Alle 86 Patienten differenzierten abschließend in Stichworten, ob und wie der Arzt ihnen gegebenenfalls ungünstige Ergebnisse der Koronarangiographie mitteilen solle und was er gegebenenfalls nicht tun solle. Hier wurden folgende Begriffe genannt: Deutlichkeit, Offenheit, Wahrheit, Sachlichkeit, Klarheit, keine Unklarheit, Eindeutigkeit, Korrektheit, Verständlichkeit, Erklärung, keine Fachausdrücke, Sorgfalt im Detail, aber auch nichts verschweigend, nichts verharmlosend. „Er sollte ernste Dinge auf keinen Fall verharmlosen und die Wiederherstellung der Gesundheit als eine Selbstverständlichkeit hinstellen, die eben nur Geduld erfordert". Auch bei ungünstigem Ergebnis wünschten sich 10 der Befragten eine Skizze, einen schriftlichen Bericht oder die Vorführung des Filmes.
Abgelehnt wurden: Schock, Schockierung, Angstmacherei, Schwarzmalerei, aber auch die Angabe einer genauen zeitlichen Prognose bzw. Lebenserwartung. Die Patienten wünschten sich, daß der Arzt sich in Ruhe Zeit nähme für ein persönliches Gespräch, und daß er positive Aspekte und Möglichkeiten, „auch wenn sie nur ganz klein sind", und Behandlungsmöglichkeiten aufzeigt.
Die Ergebnisse dieser schriftlichen Befragung stimmen mit den Erfahrungen überein, die wir im Gruppengespräch bezüglich der Bedürfnisse der Patienten angesichts der Koronarangiographie machen konnten.
In der ambulanten Koronargruppe gibt es vielfältige Möglichkeiten, dem Patienten die bevorstehende Untersuchung durch das Gruppengespräch, mit seinen informativen und psychotherapeutischen Anteilen, zu erleichtern.

1. Informative Thematisierung der Koronarangiographie in der Gruppe
2. Lektüre über die Koronarangiographie
3. Angebot eines Einzelgespräches
4. Vermittlung von Einzelgesprächen mit schon angiographierten Patienten
5. Angebot eines Dreier-Gespräches mit dem Lebenspartner
6. Wiederholte Bearbeitung von Angst und Furcht (gerichtete Angst), deren Verdrängung und Verleugnung im Gruppengespräch

7. Angebot, das Erlebnis der Koronarangiographie, den Befund und die Konsequenzen – mit oder ohne Lebenspartner – in Gruppen- und zusätzliches Einzelgespräch einzubringen und zu bearbeiten
8. Förderung des Gesprächs über das Erlebnis, den Befund und die Konsequenzen der Koronarangiographie mit dem Lebenspartner
9. Angebot, im Sinne der „rotating partnership" mit Hilfe des eigenen Erlebens und der eigenen Erfahrung bei anderen Patienten zur besseren Bewältigung einer bevorstehenden Koronarangiographie beizutragen

2.3.4.7. Sexualität nach dem Herzinfarkt

Das Thema „Herzinfarkt und Sexualität" wird hier im Rahmen eines Themenkatalogs für die Gruppengespräche aus folgenden Gründen besonders ausführlich behandelt,

weil es den Patienten und seinen Partner oft mehr belastet, als er zugibt,
weil Ärzte auf diese Gespräche nicht vorbereitet sind,
weil die Vertrautheit in der ambulanten Koronargruppe für solche Themen eine gute Voraussetzung ist,
weil dieses Thema an einer Nahtstelle zwischen ich-ferner Information und ich-naher Emotionalität die Möglichkeiten und Grenzen des Gruppengesprächs gut verständlich machen kann.

„Die Probleme der sexuellen Aktivität bedrücken den Infarktkranken erheblich, und es wäre deshalb wichtig für ihn, diese Dinge mit seinem Arzt zu besprechen" (American Heart Association 1969)

Erhebungen in der Schweiz, der UdSSR, der Bundesrepublik u. a. über das Sexualverhalten von Infarktpatienten ergaben in hoher Übereinstimmung, daß bei 40 – 60% der Befragten mittleren Lebensalters nach dem Infarkt Störungen in der sexuellen Beziehung aufgetreten waren (Bloch u. Maeder 1973; Desjatnikov u. Mitarb. 1978; Stocksmeier u. Arbeck 1976; Tuttle u. Mitarb. 1964). Die Störungen waren zum Teil vorübergehend, zum Teil jedoch bleibend: In einer Erhebung von Bloch u. Maeder (1973) an Schweizer Infarktkranken hatte ein Drittel der Patienten – trotz guter Ergometerleistungen – ein Jahr nach dem Infarktereignis jede sexuelle Aktivität eingestellt.

Eine erstaunliche Beobachtung: Trotz gut gelungener somatischer und beruflicher Readaptation, trotz Beschwerdefreiheit, guter Ergometerleistung und Wiederaufnahme der Arbeit ändert sich, auch bei sog. Low-risk-Patienten, nach dem Infarkt in vielen Fällen das sexuelle Verhalten.

Eine interdisziplinäre Erhebung von Stocksmeier u. Arbeck (1976) mittels Fragebogenerhebungen, freien Interviews und Gruppengesprächen zeigte, daß 70% der durchschnittlich 50jährigen befragten Männer Sexualität in ihrem Leben als wichtig bis sehr wichtig empfanden und beurteilten. Störungen dieses Bereiches werden aber auch von Patienten, die der Sexualität keinen hohen Stellenwert in ihrem Leben beimessen, als beunruhigend und beeinträchtigend erlebt und geschildert. Ein hilfreiches Gespräch mit dem Partner oder dem behandelnden Arzt findet nur selten statt (Stocksmeier u. Arbeck 1976). Daß Patienten und ihre Lebenspartner auch in diesem Bereich eine spezielle und detaillierte Beratung erhoffen und häufig enttäuscht werden – zumal sie dieser Hoffnung oft keinen Ausdruck verleihen können –, erlebte ich während Gruppentreffen von ehemaligen Infarktpatienten in der Klinik Höhenried. Zwei Drittel der Patienten gaben an, daß weder im Krankenhaus noch vom Hausarzt das Thema „Sexualität und Herzinfarkt" besprochen worden sei, ein Drittel der Patienten hatten Vages, Falsches oder nur Warnungen und Verbote erfahren. Dabei äußerten ältere Ehefrauen von Infarktpatienten häufiger eine gewisse Resignation, manchmal jedoch auch eine Zufriedenheit darüber, daß sie sich auf diese Weise einer ungeliebten Pflicht enthoben fühlten. Dagegen äußerten die jüngeren Gesprächsteilnehmerinnen, bei denen der höhere Sexualanspruch ihrer Generation deutlich wurde, daß sie sich „damit nicht auch noch" abfinden wollten.

Wer in der Behandlung des Infarktpatienten die bestmögliche Wiederherstellung der Gesundheit im Sinne von körperlichen und psychosozialem Wohlsein (WHO-Definition) intendiert, kann also den sexuellen Bereich nicht aussparen.

Den Bedürfnissen der Patienten steht die Tatsache gegenüber, daß Ärzte im allgemeinen nach ihrer Ausbildung und Fortbildung auf solche Gespräche nicht vorbereitet sind. In 33 Büchern über Kardiologie haben sich nach HELLERSTEIN u. FRIEDMAN (1969) weniger als 1000 Worte über Sexualität und Herzkrankheit finden lassen.

Aber nicht nur der Mangel an Sachwissen hindert viele Ärzte daran, dieses Thema mit ihren Infarktpatienten zu erörtern. Viele weichen auch aus, weil der ganze Themenkreis immer noch tabuisiert ist. Haupteinflüsse für die Tabuisierung sind die Erziehungsnormen innerhalb der älteren Generation von Ärzten und Patienten. Bei manchen Ärzten mögen eigene ungelöste sexuelle Probleme hinzukommen. Wie „gut" die emotionale Belastung durch dieses Thema abgewehrt wird, ist an der Liste von „Pseudo-Alibis" erkennbar, der ich begegnete, als ich gleichaltrige, „mittelalterliche" Kollegen um ihre Stellungnahme zur Sexualberatung von Infarktpatienten bat:

„Medizinisch haben wir alles getan, alles andere geht mich nichts an".
„Das arrangiert sich doch von selbst".
„Sex wird heute überbewertet".
„Sex ist Privatsache".
„Danach bin ich noch nie gefragt worden".
„Meine Patienten wünschen das gar nicht".
„Wer so fragt, ist ein Neurotiker".
„Diese Patienten sind doch erst dem Tod von der Schippe gesprungen, sollen sie von der Schwelle des Todes in den Sex gejagt werden"?
„Meine Patienten haben solche Probleme nicht – es gibt Wichtigeres im Leben".
„Diese Infarktpatienten sind doch jenseits von Gut und Böse".
„Das geht mich nichts an, das betrifft den Psychotherapeuten und Psychiater".

Haben wir heute nicht genügend fundiertes Wissen, um unabhängig von allen Modeübertreibungen die Sexualität als fundamentale Dimension menschlicher Existenz anzuerkennen? Als besondere Trost- und Glücksmöglichkeit, gerade auch für den Kranken, für den Alten, für das Individuum und die Partnerbeziehung, als Chance persönlicher Lebenserfüllung und Selbstverwirklichung?

Die Ursachen der zu beobachtenden funktionellen Postinfarktstörungen im Bereich von Libido und Potenz bei gut rehabilitierten, beschwerdefreien und leistungsfähigen jüngeren bis „mittelalterlichen" Männern sind zweifellos komplexer Natur. Drei Ursachenkomplexe müssen diskutiert werden, die sich berühren und überschneiden.

Sexuelle Probleme sind der Prophylaxe und Therapie in der Koronargruppe und durch die Koronargruppe zugänglich, da meist Informationsmangel, unzureichende Partnerkommunikation, ungünstige äußere Verhältnisse bzw. noch nicht chronifizierte Konflikte zugrunde liegen.

Der psychosoziale Ursachenkomplex

In den Gruppengesprächen der ambulanten Koronargruppen München-Pasing, zu denen etwa $\frac{1}{5}$ der betroffenen Infarktpatienten mit Lebenspartnerinnen kommen, ließen sich folgende psychosoziale Teilursachen für Libido- und/oder Potenz (d. h. Erektions- und Ejakulations-)Störungen differenzieren:

Vor allem in den ersten Monaten nach dem akuten Ereignis sind Ängste des Patienten vor Schädigungen und Re-Infarkt, sowie die *Angst vor einem plötzlichen „Liebestod"* vorrangig. Sie werden in der Gruppe allerdings nur zur Sprache gebracht, wenn grundsätzlich Todesängste der Patienten ausgesprochen und bearbeitet worden sind. (Wir haben den Eindruck, daß in diesem Bereich heute noch weithin eine stärkere und lückenlosere Tabuisierung aufrechterhalten wird als gegenüber der Sexualität. Vielleicht ist dies eine der Teilursachen dafür, daß in manchem ambulanten Koronargruppen, z. B. in Sportclubs, eine etwas krampfhaft wirkende, naivoptimistische Leistungsfreude und Leistungsfröhlichkeit zur Schau getragen wird, die vordergründig keine Alternative zuläßt?)

Versagensängste der männlichen Teilnehmer führen, etwa im Sinne einer sich selbst erfüllenden Prophezeihung, oft zu weiteren Potenzstörungen und im Laufe der Zeit zu einem funktionellen Trainingsverlust. Hier können Gruppe und Partnerin um Entängstigung bemüht sein.

Die *reaktive Postinfarkt-Depression* mit Selbstwertzweifeln aller Art kommt hierzu, sie beeinträchtigt ebenfalls Libido und Potenz.

Auch die *Partnerin* des Patienten entwickelt Ängste, auch sie fürchtet sich vor einem Versagen, einer Schädigung, einem Reinfarkt und einem plötzlichen Tod des Infarktpatienten. Da beide Partner ihre Angst jedoch oft nicht aussprechen können, kommt es zusätzlich zu einem Kommunikationsproblem innerhalb dieser Partnerschaft. Es wird allerdings von den Patienten und ihren Partnern oft primär geleugnet, ganz im Sinne der „heilen Welt" in der Partnerschaft.

Ein *familiär-partnerschaftlicher Statuswandel* ist den vor dem Infarkt gewohnten sexuellen Aktivitäten abträglich. Gerät der Infarktpatient in die für den Partner schwer erträgliche „Pascha-Rolle" des chronisch Kranken und plagt die Ehefrau bei Tag durch Ungeduld, Jähzorn, Ungerechtigkeit und Reizbarkeit, so wird er abends kaum eine zärtliche Geliebte vorfinden. Im Gruppengespräch weisen die männlichen Patienten diese Entwicklung als bösartige Unterstellung weit von sich und sind glaubhaft verwundert bis erschüttert über die Übereinstimmung in Erleben und Klagen der begleitenden Ehefrauen. Andererseits ereignet sich der Herzinfarkt des Ehemannes oft in einer Lebensphase, in der die Kinder die Familie verlassen haben und der tröstliche Hund noch nicht angeschafft ist. Der Infarktpatient wird zum Ersatzkind, dessen körperliches Wohlergehen zur Lebensaufgabe für die Ehefrau-Mutter wird. Ärzte fördern diese Rollenverschiebung, wenn sie die Verantwortung für Diät, Normalgewicht, Nichtrauchen, tägliche Bewegung, notwendige Schonung, Medikamenteneinnahme der Ehefrau auftragen, statt sie dem Patienten nahezubringen. Hatte der Ehemann im sexuellen Selbstverständnis des Paares vor seinem Infarkt stets der Aktive, Erobernde, Fordernde, die Ehefrau die passiv sich Hingebende zu sein, so wird ihr diese sexuelle Verhaltensweise gegenüber dem „Kindchen-Mann", den sie tagsüber beschützt, behütet und dem sie die Wege ebnet, abends schwer fallen. Der beruflich-gesellschaftlich-finanzielle Statuswandel bzw. -Verlust nach dem Herzinfarkt, der z. B. für 30% der Arbeiter gilt und vor allem dann spürbar wird, wenn der Ehemann arbeitsunfähig bleibt oder keine Arbeit mehr findet und die Ehefrau „in die Arbeit geht", beeinträchtigt häufig das erotisch-sexuelle Selbstwertgefühl des Mannes. Das zeigt sich vor allem, wenn bisher Berufstätigkeit, Gelderwerb, Leistung, Erfolg und Männlichkeit für ihn identisch waren. In den Gruppengesprächen kommt auch oft eine ingrimmige Verärgerung der Ehefrauen zutage, die „sich verweigern", da sie einerseits gezwungen sind, in die Arbeit zu gehen, andererseits die Ehemänner es dennoch ablehnen, die Hausmannsrolle zu übernehmen. Angesichts der Doppel- und Dreifachbelastung durch Beruf, Familie und Haushalt gaben die Ehefrauen an, abends „zu müde" zu sein, konnten im Gespräch jedoch auch zugeben, daß Ärger und hilflose Trauer über vermißte Partnerschaftlichkeit hier mit eine Rolle spielten.

Bei den sog. *Infarkt-„Dissimulanten"* sind Sexual-Beratung und -Behandlung besonders problematisch. Diese deutlich leistungsorientierten Patienten verdrängen das traumatische Ereignis des Herzinfarktes durch Überkompensation auf allen Gebieten, sei es der Gewichtsabnahme, der schlagartigen Nikotin-Abstinenz (oft bei vorausgegangenem Exzeßrauchen), der körperlichen Leistung, der frühest möglichen Aufnahme der Arbeit und der „Leistung im Bett". Im Gruppengespräch wird eindeutig und oft drastisch, aber doch kaum unfair oder kränkend an ihrem Wertsystem gerüttelt.

Wie könnte man in der Praxis ambulanter Koronargruppen vorgehen?

Aus internistischer Sicht muß das Gespräch vorsichtig-einfühlend geführt werden und doch so konkret wie möglich sein. Es muß darauf ausgerichtet sein, die bisher unausgesprochenen Ängste des Patienten zur Verbalisierung zu bringen. Ausgesprochene Ängste werden nicht bagatellisiert, sondern angenommen. In der Gruppe erfährt der Patient vielfältig, daß er mit all seinen Ängsten und Hemmungen nicht allein ist.

Körperliche Belastung und „Liebestod"

Als somatischen Effekt der psychosomatischen Belastung während des Sexualaktes spürt der Patient, wenn nicht Vasokongestion, Myotonie und Blutdruckerhöhung, so doch den Anstieg von Herz- und Atemfrequenz, ggf. Palpitationen und Rhythmusstörungen, oft sogar Dyspnoe und Stenokardien. 33% der befragten Infarktpatienten, die den Geschlechtsverkehr wieder aufgenommen hatten, berichteten von leichten Beschwerden beim erstmaligen Kontakt, 15% von starken Beschwerden (STOCKSMEIER u. ARBECK 1976). Mit diesen sollten die Patienten, ähnlich wie mit Stenokardien im Alltag und bei körperlicher Bewegung, umgehen lernen, auch mit Hilfe einer medikamentösen Prophylaxe.
Auch zur Entängstigung von ärztlichen Gruppenleitern und Primärtherapeuten hat es sich bewährt, auf die Untersuchungen von HELLERSTEIN u. FRIEDMAN (1970) hinzuweisen: Die Autoren haben 48 Infarktkranke und 43 Koronarkranke in ihrem Alltag und damit auch während sexueller Aktivität telemetrisch untersucht und die dabei auftretenden Herzfrequenzsteigerungen und elektrokardiographischen Veränderungen miteinander und mit fahrradergometrischen Belastungen verglichen. Trotz der psychosomatischen Belastung während des Orgasmus lag die Herzfrequenz der älteren Herzkranken zwischen 90 und 110 Schlägen/min für die Dauer von maximal 4 min; der Blutdruck stieg kurzfristig auf 200 – 250 mm Hg systolisch an. HELLERSTEIN betont, daß Alltagsbelastungen, wie Treppensteigen, einen höheren Frequenzanstieg vom Herzkranken erfordern, und daß die Belastung beim Koitus mit einer fahrradergometrischen von 75 – 100 Watt vergleichbar ist. Da Ärzte und Patienten die Belastung beim Sexualakt überschätzen, ist dies ein Untersuchungsergebnis, das beide gleichermaßen entängstigen kann, wenn die Wiederaufnahme sexueller Aktivitäten 5 – 8 Wochen nach dem Infarktereignis gestattet bzw. empfohlen wird. Dies gilt vor allem für Low-risk-Patienten, die die erforderlichen 75 Watt am Fahrradergometer ohne wesentliche Beschwerden zu leisten vermögen.
Die Frage nach dem *Schreckgespenst „Liebestod"* spukt dennoch unausgesprochen in den Köpfen vieler Infarktpatienten und sollte im Gruppengespräch angesprochen werden. Die entsprechenden Kasuistiken, die meistens Personen des öffentlichen Lebens betreffen und hinter vorgehaltener Hand zwischen Ärzten und Nichtärzten erzählt werden, fehlen dabei nur selten. Sie handeln übrigens im weit überwiegenden Prozentsatz der Fälle von außerehelichen Beziehungen, obwohl die sog. Dunkelziffer gerade hier sicherlich schwer abzuschätzen ist. Nach eigenen kardiologischen Erfahrungen wie nach der – allerdings spärlichen – Literatur ist, ganz im Gegensatz zur landläufigen Meinung, der plötzliche Herztod während des Geschlechtsverkehrs außerordentlich selten. Die erste umfangreiche Statistik darüber stammt von UENO (1963) aus Tokio und umfaßt 8275 gerichtliche Leichenöffnungen aus den Jahren 1959 – 1965. Nur in 67 Fällen (0,8%) handelt es sich um Tod während sexueller Betätigung. Von diesen Todesfällen traten 80% bei einer außerehelichen Begegnung ein.
Das Untersuchungsgut des Instituts für Rechtsmedizin der Freien Universität Berlin aus den Jahren 1956 bis Mai 1976 ist zeitlich gut mit den Zahlen aus Tokio zu vergleichen: es umfaßt 1722 gerichtliche Leichenöffnungen von unerwarteten Todesfällen mit 30 einschlägigen Fällen (1,7%) (KRAULAND 1976). Auch in KRAULANDS Kollektiv wurde außerehelicher Verkehr 23mal unter den 30 Todesfällen registriert. Er weist darauf hin, daß Todesfälle nach ehelichem Geschlechtsverkehr selten beobachtet würden. Hier sei allerdings eine höhere Dunkelziffer anzunehmen.

> Das Risiko eines Reinfarktes bzw. eines Liebestodes liegt weniger in der körperlichen Belastung als in den „belastenden" Begleitumständen!

Was ist damit gemeint? Z. B. Wochenendbegegnungen, bei denen nach reichhaltigem Essen und Exzessen in Alkohol und Nikotin, unter Zeitdruck, Schuldgefühlen und Angst vor Entdekkung, in fremder Umgebung einem unvertrauten Sexualpartner Leistungsfähigkeit und Potenz bewiesen werden müssen.

Im Gruppengespräch können themenzentriert folgende alternative Verhaltensweisen erarbeitet werden: Wenn die sexuelle Betätigung des Herzkranken nicht in der Geborgenheit einer Ehe oder eheähnlichen Beziehung stattfinden kann, so sollten wenigstens die äußeren Begleitumstände möglichst günstig gestaltet werden:

- Angeberei im Essen, Rauchen oder Trinken sollte vermieden werden,
- Zeit und Ort möglichst „geborgen" gewählt und
- die Begegnung eher auf Zärtlichkeit, Spaß, Genuß, als auf „Leistung" ausgerichtet sein.

Die Beziehungen der sexuellen zur sportlichen Aktivität bieten sich im Gruppengespräch an. Die zur Katecholaminausschüttung führende Emotionalität bleibt dabei nicht unberücksichtigt. Sie gilt nicht nur für das Sexualleben, sondern in ähnlicher Weise auch für die sportliche Aktivität. Auch sportliche Bewegung kann für Untrainierte schon bei geringer Übertreibung zu exzessiver Katecholaminausschüttung und relativer Koronarinsuffizienz führen. Für beide Bewegungsformen gilt, daß sie um so besser vertragen werden, je besser der Trainingszustand des Infarktpatienten ist (STEIN 1976). HELLERSTEIN betonte allerdings, daß der Trainingseffekt der sexuellen Aktivität leider zu gering sei, um zur körperlichen Ertüchtigung herangezogen zu werden, da zur Leistungs- und Ausdauersteigerung ein Training von mindestens 30 min zweimal wöchentlich mit einem Energieumsatz von 7,5 kcal/min erforderlich sei. (Er habe kaum „Bettathleten" mittleren Alters finden können, die auf diese angenehme Weise hätten trainieren können.) Er weist aber auch darauf hin, daß systematisches körperliches Training die Häufigkeit und Intensität sexueller Aktivitäten ebenso steigern könne, wie das durch die Koronarchirurgie gelänge.

Wenn Seltenheit und Störbarkeit sexueller Kontakte nach dem Infarkt in der ambulanten Koronargruppe zur Sprache kommen, so kann dies mit dem Infarkt natürlich nur dann in Zusammenhang gebracht und im Gruppengespräch bearbeitet werden, wenn es sich um eine sekundäre Sexualstörung handelt.

- Handelt es sich (unter Vernachlässigung der Impotentia generandi) um eine Erektions- bzw. Ejakulationsstörung bei erhaltener Libido?
- Bezieht sich diese Störung nur auf den (Ehe-)Partner oder gilt sie generell?
- Wie ist dem Ursachenkomplex Angst, Depression, Stress-Situation, Überwicht, Trainingsmangel und gegebenenfalls Alkoholmißbrauch zu begegnen?

Auch der Libidoverlust kann auf die genannten Ursachen zurückzuführen sein. Es kann sich aber auch um ein Vermeidungsverhalten auf seiten des Patienten handeln, um der Demonstration von Impotenz aus dem Wege zu gehen, mit dem er sich in der Gruppe wiederum nicht alleine findet.

Potenzstörungen werden besonders häufig vom leistungsbezogenen Herzinfarkt-Dissimulanten mit Hingabeängsten angegeben, der versucht, den (beruflich-gesellschaftlich-finanziellen und partnerschaftlich-familiären) Rollenverlust durch Rekordleistungen im Bett zu kompensieren.

Natürlich muß eine, den Infarkt begleitende *genitovaskuläre Insuffizienz* auf dem Boden einer peripheren Angiopathie ausgeschlossen sein. Sie ist gekennzeichnet durch

- eine Erektionsstörung bei erhaltener Libido,
- einen palpatorisch-auskultatorisch-angiographischen Gefäßbefund und
- die klinischen Zeichen einer Claudicatio intermittens.

Einseitige Verschlüsse werden kompensiert, nur beidseitige führen zu Erektionsstörungen. Besonders beim Herzinfarkt des Diabetikers ist an eine genitovaskuläre Insuffizienz zu denken. (So wurden nach Rücksprache mit dem Hausarzt zwei Patienten aus der ambulanten Koronargruppe dem Angiologen überwiesen.)

Auch einige *in der Kardiologie häufig gebrauchte Medikamente* können eine Potenzstörung induzieren. Die Gruppenmitglieder unterstellen dies, vermuten dies oder haben es aus Beipackzetteln bzw. populärwissenschaftlichen Veröffentlichungen in Erfahrung gebracht. Solche Medikamente sind z. B.: Clonidin und andere Antihypertensiva, Aldosteron-Antagonisten, Sedativa und Diazepam-Abkömmlinge und einige Antidepressiva. Nitropräparate und Antikoagulantien hingegen können die Potenz via Erektions- und Orgasmussteigerung (bei herabgesetzter Stenokardieneigung) erheblich verbessern. Über diese Zusammenhänge sind die Mitglieder der ambulanten Koronargruppe meist erstaunlich gut vorinformiert. Im Gruppengespräch können Wirkung und Nebenwirkung der Medikamente besprochen und gegeneinander abgewogen werden. Wie in allen Fragen der medikamentösen Therapie empfiehlt es sich, davon dem Hausarzt Mitteilung zu machen: vor allem, wenn Potenzstörungen, die möglicherweise durch ein Medikament induziert oder verstärkt worden sind, einen solchen Stellenwert bekommen haben, daß der Patient auf einen probatorischen Medikament-Auslaßversuch drängt. In den meisten Fällen läßt sich der gewünschte Effekt durch eine andere Maßnahme oder durch ein anderes Medikament erzielen.

Schwieriger als die Sexualberatung der Lowrisk-Gruppe, deren Teilnehmer 75 Watt und mehr am Fahrradergometer erbringen und in Alltags- und Berufsleben zurückgekehrt sind, ist die Gesprächsführung und Beratung in der koronaren Übungsgruppe. Viele der Teilnehmer können die für die sexuelle Aktivität erforderlichen 75 – 100 Watt eben nicht ohne mehr oder minder ausgeprägte subjektive Beschwerden oder objektivierbare EKG-, Rhythmus- und Blutdruckveränderungen erbringen.

> Nicht allen Gruppenmitgliedern erscheint die „probatorische Masturbation“ akzeptabel, obwohl hierbei die Kreislaufbelastung für Männer und Frauen geringer ist als beim Koitus. Außerdem erfahren Männer auf diese Weise, ob eine Erektion, und Frauen, ob ein Orgasmus wieder möglich ist.

Auch die manuellen Stimulationen in Gegenwart des Partners bzw. durch ihn klingt im Gruppengespräch vorsichtig als Möglichkeit an, da so eine modifizierte intime Begegnung mit geringerer körperlicher Leistung möglich wäre. Treten subjektive Beschwerden (Stenokardie, Dyspnoe, Rhythmusstörungen) oder – bei einer vergleichbaren fahrradergometrischen Belastung von 75 – 100 Watt-EKG-Veränderungen bzw. exzessive Puls- und Blutdruckerhöhungen auf, so gelten dieselben Überlegungen zur medikamentösen Therapie, wie sie gegenüber vergleichbaren Alltagsbelastungen gelten:

- Sind digitalisierende, diuretische, antiarrhythmische und antihypertensive Behandlungsmaßnahmen ausreichend oder könnten sie verbessert werden? Wie steht es mit der Einnahme-Zuverlässigkeit?
- Können intrakoitale Stenokardien durch ein rechtzeitig eingenommenes prophylaktisches Nitropräparat, Tachykardien und Palpitationen durch Betablocker beseitigt werden?
- Erschwert eine Adipositas, die zu korrigieren wäre, den sexuellen Kontakt?
- Ist eine sexuelle Begegnung über Positionsveränderungen, z. B. die Erhöhung des Oberkörpers bei Dyspnoe möglich?
- Kann der Orgasmus bei beiden Geschlechtern durch nicht-koitale „Techniken“ erreicht werden?

Dabei scheiterten wir im Gruppengespräch oft an den festgefahrenen Vorstellungen beider Partner von einer „normalen“ sexuellen Aktivität, an der Furcht vor „Perversität“, an unüberwindbaren Hemmungen vor allem bei der Frau. Besonders ältere Ehefrauen sind oft wenig bereit, ihre Rollenvorstellung von sexueller Passivität, die angeblich vom Partner erwartet würde, in Frage zu stellen. Wir haben bei dieser Thematik grundsätzlich versucht, die Lebenspartner unserer Teilnehmer, sofern sie nicht regelmäßig an der ambulanten Koronargruppe teilnahmen, zum (Einzel-)Gespräch einzuladen, denn die Einstellung beider Partner zueinander und ihre Einstellung zur Sexualität spielt eine bedeutende Rolle. Wird sie von beiden Partnern als bereichernde Möglichkeit gesehen und haben beide an körperlicher Intimität Interesse, so haben sekundäre Potenzstörungen eine gute Prognose. Versagens-, Schädigungs- und Todesängste müssen beiden Partnern genommen werden. Körpergewicht, Alkoholkonsum und Trainingszustand spielen ebenfalls bei beiden eine Rolle. Oft liegen dem vordergründigen sexuellen Desinteresse des männlichen Infarktkranken berufliche, familiäre, finanzielle und persönliche Schwierigkeiten zugrunde. Sie hängen auch mit der verminderten Leistungsfähigkeit nach dem Herzinfarkt und der ausgeprägteren psychosomatischen Erschöpfung des Kranken (z. B. am Wochenende oder am Abend) zusammen, der sich in der kompetitiven Erwerbssituation zur Erhaltung des Lebensstandards aufreibt. Manche Herzinfarktpatienten bieten in dieser Situation selbst einen Therapieschritt an: während 17% der Patienten vor dem Infarkt hauptsächlich morgens sexuelle Kontakte mit ihren Partnern hatten, waren es nach dem Herzinfarkt 33%. Vielleicht sind beide Partner morgens weniger erschöpft, und vielleicht sind auch unerwünschte Nebenwirkungen von Medikamenten nach der Schlafphase geringer (STOCKSMEIER u. ARBECK 1976).

Beratung Alleinstehender

Besonders schwierig ist in der Gruppe die Einbeziehung von ledigen, verwitweten, geschiedenen, homosexuellen und alten Patienten in das Gespräch. Hier können wir den Patienten nur gereicht werden, wenn wir unsere eigene Einstellung zur Sexualität kritisch überdenken: Muß Sexualität in unseren Augen stets eine Beziehung zur „Reproduktion" haben? Und wenn wir sie nur unter monogam-matrimoniellen Aspekten für legitim halten, wie sehr darf das in unserer Beratungsaufgabe zum Tragen kommen? Leben wir selbst mit dem Vorurteil, daß die 9 Millionen älterer und alter Menschen in der BRD (wie dies Kindern lange suggeriert wurde) asexuell seien?

> MASTERS u. JOHNSON haben die sexuelle Aktivität von Frauen bis zum 78. Lebensjahr und von Männern bis zum 80. Lebensjahr untersucht und dokumentiert. Sie weisen darauf hin, wie wichtig gerade in späteren Jahren das „In-Übung-Bleiben" ist, und daß ein durch den Herzinfarkt entstandener (unnötiger) „Trainingsverlust" schwer wieder aufzuholen ist.

Alleinstehende, homosexuelle und alte Patienten sind nach unserer Erfahrung besonders dankbar für das seltene Geschenk einer ärztlichen Sexualberatung, die aber meist im Einzelgespräch erfolgen muß.

Unser jüngster Teilnehmer in der ambulanten Koronargruppe war 36 Jahre alt. Bei ihm und einigen anderen jüngeren Patienten machten wir eine andere Beobachtung, die möglicherweise in Zukunft häufiger sein wird: einige Patienten schildern in der Gruppe nämlich spontan, daß vor dem dunklen Hintergrund eines überstandenen Herzinfarktes ihre Beziehungen in allen Lebensbereichen intensiver und tiefer geworden seien, was die Partner dann auch bestätigen. Seit dem Herzinfarkt sei man wieder zärtlich zueinander, nehme sich Zeit, habe überholte Rollenvorstellungen in Frage gestellt – überhaupt, sich auf das Wesentliche des Lebens und des Lebens zu zweit besonnen. Im Rahmen der Lebensneuordnung habe sich auch die Einstellung zur Sexualität positiv verändert: koitale Frequenz und Intensität seien eher gestiegen, die Potenz sei nach dem Wegfall der beruflichen Dauerüberlastung besser geworden.

Wenn wir die Sexualität – unabhängig von den unerfreulichen Begleiterscheinungen einer vordergründigen, unreflektierten Liberalisierung („Sex-Welle") – für eine fundamentale Dimension menschlicher Existenz halten, so gehört sie für die meisten Menschen zur persönlichen Lebenserfüllung. Sexualität ist nicht nur für Junge und Gesunde, sondern auch für Alte, Kranke und Behinderte eine zutiefst menschliche Möglichkeit gemeinsamen Glücks mit dem Partner. Sie bedarf zu ihrer Entfaltung der Pflege, der Kultivierung, des Funktionstrainings, aber auch der Reflexion – und bei vielen Infarktpatienten zusätzlich des ärztlichen Rates, des helfenden Gespräches.

2.3.4.8. Selbstmedikation

Medizinische und pseudomedizinische Informationen durch die Massenmedien finden in der

Bundesrepublik ein breites Publikumsinteresse. Darüber hinaus soll der Infarktpatient als chronisch Kranker ja Spezialist in eigener Sache und mündiger Partner seines Arztes werden. Ist es verwunderlich, daß er als Betroffener besonders aufmerksam registriert, was Zeitungen und Zeitschriften – natürlich auch Boulevardblätter –, Funk und Fernsehen zu „seinem Thema" bringen? Lassen wir es als ärztliche Leiter ambulanter Koronargruppen zu, daß das Gruppengespräch die Themen berührt und erarbeitet, die die Gruppenmitglieder interessieren und bewegen, oder werden dort katalogartig „zum Besten unserer Patienten" die Dinge informierend abgehandelt, von denen wir glauben, daß die Patienten sie wissen wollten oder wissen müßten? Pointiert gefragt: Müssen sie wissen (und besprechen), was wir wollen, daß sie wissen (und besprechen), oder dürfen sie wissen (und besprechen), was sie wissen (und besprechen) wollen? Und müssen wir das, was wir als scheinbar gesichert weitervermitteln, nicht immer wieder relativieren? („Gruppenveteranen" erinnern gerne an die Zeit, in der der Betablocker Dalzic, Biguanide und clofibrathaltige Medikamente noch verordnet wurden.)

In unseren Gruppen beschränkte sich das Gespräch in den ersten 6 Monaten auf die verordneten Medikamente und ihre möglichen Wirkungen und Nebenwirkungen. Gruppengefühle und wachsende Vertrautheit, die Erfahrung, daß in der Gruppe „ins Unreine" gesprochen werden darf einerseits, aber auch der oft irrationale, doch verständliche Wunsch, kardial wieder ganz beschwerdefrei zu werden andererseits, mögen dazu beitragen, daß wir im 2. Halbjahr nach der Erkrankung eine andersartige Beobachtung machten: jetzt suchten die Patienten häufig nach bisher unbekannten medikamentösen Möglichkeiten, die sie ausschöpfen könnten, nach Anderem, Neuem, außerhalb des verordneten Rahmens.

Auch extrakardiale Bagatellbeschwerden und Mißbefindlichkeiten schienen in dieser Zeit im Bewußtsein der Patienten wieder an Bedeutung zu gewinnen, die im 1. Halbjahr unter der Wucht der kardialen Ereignisse kaum registriert wurden. Davor die Augen zu verschließen (weil nicht sein kann, was nicht sein darf), heißt, die Realität mit frommen Wünschen verändern zu wollen. Andererseits, was wissen wir Ärzte vom großen Komplex der „self-medication", über den an der Universität während der klinischen Weiterbildung und in der berufsbegleitenden Fortbildung wenig gelehrt wird, der aber weder kleiner noch steuerbarer dadurch wird, daß er zwischen Ärzten und Patienten weitgehend tabuisiert bleibt?

Schon 1973 haben der Verband der niedergelassenen Ärzte Deutschlands und der Bundesfachverband der Heilmittelindustrie gemeinsam Thesen zur Selbstmedikation vorgelegt, die (unter Berücksichtigung gewisser Vorsichtsmaßnahmen) auch seitens der Ärzte begrüßt werden. In diesen Thesen wird besonders darauf verwiesen, daß „ein großer Teil der Anwender der Selbstmedikation recht zuverlässig differenziert, wann eine ärztliche Konsultation angezeigt ist, und wann Selbstbehandlung zum Ziele führen kann" (HERDER-DORNEICH 1978). Auf der Jahrestagung der Deutschen Gesellschaft für Sozialmedizin e.V. in Heidelberg 1976 war die Selbstmedikation ein Schwerpunktthema. Dabei wurden nicht nur die medizinischen Aspekte behandelt, sondern neben Analysen ausländischer Erfahrungen mit der Selbstmedikation wurde auch der Versuch einer sozio-ökonomischen Einordnung und Integration in das Gesamtsystem unserer Gesundheitsvorsorge gemacht (HERDER-DORNEICH 1978). Wie sie funktioniert, welche Vorteile sie mit sich bringt, wie Wirksamkeit und Sicherheit der Anwendung garantiert werden können und wie sie in das bestehende Gesundheitswesen einzuordnen ist, kann und muß auch in Zukunft sorgsam und möglichst ideologiefrei untersucht werden – immer wieder von der Realität ausgehend, daß es die Selbstmedikation (auch bei unseren eigenen Patienten) gibt, daß sie ein Phänomen ist, das mit relativ hohem finanziellen Aufwand verbunden ist (auch mit Einsparungsmöglichkeiten!), daß sie sich nicht verhindern, verbieten, unterdrücken, wohl aber tabuisieren und totschweigen läßt.

Die Tatsache, daß 25% des Geldes, das zur Beschaffung von Arzneimitteln verwendet wird (1977 etwa 2,5 Milliarden DM), für Medikamente ausgegeben wird, die nicht ärztlich verordnet worden sind, muß uns doch zu denken geben.

Diese Tatsache ist nicht zu widerlegen und gilt nicht etwa unter Ausschluß der Infarktpatienten im allgemeinen und der eigenen Patienten im besonderen, wie jeder von uns gern annehmen möchte. Ist die ambulante Koronargruppe ein Forum, auf dem wir uns mit dieser, uns als Ärzte beunruhigenden Realität vertraut machen und mit ihr auseinandersetzen können, oder wird das Faktum der Selbstmedikation pauschal mißbilligt, in seiner Bedeutung verkannt und übergangen?

Ich glaube, daß wir in der ambulanten Koronargruppe dem Appell des NAV von 1972 nachkommen und unseren Beitrag dazu leisten könnten, daß das Risiko der Selbstbehandlung auf ein vertretbares Minimum reduziert wird.

Dabei wird sich das Wort Selbstmedikation für uns Ärzte konkretisieren und viel von seinem aversiven Charakter einbüßen.

Erfahrungen mit der Selbstmedikation in der ambulanten Koronargruppe

Im Laufe eines Kalenderjahres waren Möglichkeiten, Probleme und Risiken der Selbstmedikation in der Koronar-Trainingsgruppe dreimal, in der Koronar-Übungsgruppe fünfmal zentrales Thema des Gruppengespräches. Sehr viel häufiger wurden Fragen der Selbstmedikation mehr am Rande in das Gruppengespräch eingebracht. Neulinge beteiligten sich im ersten halben Jahr nach Eintritt in die Gruppe kaum an dieser Thematik, die vor allem von Patienten mit inoperabler Dreigefäßerkrankung, solchen mit Potenzstörungen und manchmal von den begleitenden Ehefrauen eingebracht wurden. Die Information der Patienten stammte aus den Massenmedien, vor allem aus Illustrierten und Boulevardblättern, aber auch aus der Apotheken- und Drogeriewerbung, von Leidensgenossen und Bekannten und einige Male wurde ein Besuch beim Heilpraktiker diskutiert. Oft wurde auch danach gefragt, ob Medikamente, die zu einem früheren Zeitpunkt vom Hausarzt wegen der gleichen Beschwerden, z. B. Kopfschmerzen, verordnet worden seien, jetzt zusammen mit z. B. Marcumar und Nitrokörpern eingenommen werden dürften. Die besprochenen rezeptpflichtigen und nicht-rezeptpflichtigen „Heilmittel“ lassen sich in drei Gruppen ordnen:

1. Mittel gegen Unpäßlichkeiten aller Art.
2. „Stärkungsmittel“, „Aufbaumittel“, Aphrodisiaka.
3. Mittel „für das Herz“ oder „gegen die Risikofaktoren“, wie z. B. Fettstoffwechselstörungen.

Zu 1. Hierbei handelt es sich um den im allgemeinen kurzfristigen und vernünftig erscheinenden Gebrauch von Antazida, Abführmitteln, Kopfschmerzmitteln, Hustensäften, Nasenspray, Antirheumatika, Schlaf- und Beruhigungsmittel, die auch mit Hilfe der Begleitzettel auf mögliche unerwünschte Nebenwirkungen und Interferenzen vor allem mit Antikoagulantien „untersucht“ wurden. Es handelte sich oft um nicht-rezeptpflichtige Mittel oder solche aus alten Beständen. Eine Reihe von harmlosen Pflanzenmitteln schienen jedoch Erleichterung bei Unpäßlichkeiten aller Art zu bringen. Im Gespräch versuchten wir zu erarbeiten, wann die Unpäßlichkeit „Husten“ Zeichen der Herzinsuffizienz sein kann, wann Appetitlosigkeit oder Schlaflosigkeit dem Hausarzt berichtet werden müssen. In einigen Fällen konnten die Teilnehmer ihr Bedürfnis nach einem „Allheilmittel“ erkennen, reflektieren und die Frage stellen, ob kleine Alltagsbeschwerden nicht auch zu ertragen seien, bzw. durch nicht-medikamentöse Hausmittel behoben werden könnten.

Zu 2. Auch das Bedürfnis nach Stärkungs- und Aufbaumitteln bzw. nach Aphrodisiaka ist ja nicht unverständlich. Bei den besprochenen Mitteln war die Gefahr von unerwünschten Nebenwirkungen, Interferenzen oder Abhängigkeiten nicht gegeben. Oft konnten bisher unausgesprochene Bedürfnisse und Wünsche des Teilnehmers anhand dieser Mittel ins Gespräch gebracht werden. Wenn keine Gefahren bestehen und der Patient die verordneten Medikamente zuverlässig und „compliant“ weiter einnimmt – welches vernünftige, rationale Argument spricht dann dagegen, eigenes Geld, statt für Zigaretten, für ein „biologisches Tonikum und Energetikum“

auszugeben, das folgende zauberhafte Wirkungen verspricht:

. . . dient als biologisches Tonikum und Energetikum der Kräftigung und Regulierung des gesamten Organismus. Mit seiner breiten Wirkstoffkombination beeinflußt es nicht nur ein Organ allein – es vitalisiert den ganzen Menschen.
. . . gibt neue Kraft bei Überlastungen, Schwächezuständen und vorzeitigem Kräfteverschleiß, besonders auch im Alter.
. . . kräftigt Herz, Kreislauf und Nerven, fördert die Blutbildung und erhöht die Schlaftiefe.
. . . stärkt in der Rekonvaleszenz nach Krankheiten und Operationen, während Schwangerschaft und Stillzeit, bei Überarbeitung und Konzentrationsmangel, im Wachstums- und Entwicklungsalter sowie bei körperlichen (auch sportlichen) Hochleistungen.
. . . tonisiert das Großhirn, steigert Denkvermögen und Merkfähigkeit.
. . . macht Sie in kurzer Zeit frischer und widerstandsfähiger, Ihr körperliches Wohlbefinden steigert sich, Müdigkeit und Abgespanntheit verschwinden. Schwung, Aktivität und Lebensfreude stellen sich ein, Sie werden tatkräftiger und selbstbewußter. Sorgen Sie für einen leistungsstarken Körper, für starke Nerven und kraftvolle Energie!

Zu 3. Schwierig war das Gespräch, wenn Zeitungen und Zeitschriften Nachrichten über die Neu- oder Wiederentdeckung von Medikamenten brachten, die angeblich das Herzinfarktrisiko senken sollten oder Risikofaktoren günstig beeinflussen, wie z. B. Fettstoffwechselstörungen. Als Beispiel sei folgende Mitteilung einer bekannten Funk- und Fernsehzeitschrift genannt, die, ähnlich wie die Zurückziehung der clofibrathaltigen Präparate, die durch den Herzinfarkt existentiell betroffenen Gruppenmitglieder bewegt:

„Kohle senkt Blutfette!"

Medizinische Kohle – Aktivkohle, Holzkohle, wie sie bei Durchfall eingenommen wird, senkt den Gehalt des Blutes an Fettstoffen ganz erheblich, wie Prof. Dr. E. A. FRIEDMAN, New York (1978) entdeckt hat. Nach der Einnahme von 35 g Holzkohle pro Tag sank der Cholesteringehalt des Blutes bei 6 Patienten um 23% – 43% und der Gehalt an Fettsäuren (Präglyzerin) sogar um 64% – 76%. Wegen der absoluten Gefahrlosigkeit von Holzkohle empfiehlt Prof. FRIEDMAN diese Behandlung insbesondere bei Zuckerkrankheit und Nierenleiden.

Soweit der Text in der Zeitschrift. Angesichts solcher Mitteilungen hat es sich in der Gruppe bewährt, den oder die Leser zu bitten, sich die Originalarbeit von der Redaktion der jeweiligen Zeitschrift zu erbitten und diese dann in der Gruppe zu diskutieren. Schon aus dem begleitenden Antwortschreiben der Zeitschrift erkannten die Gruppenmitglieder die Relativierung der Mitteilung:

„Sehr geehrter Herr K., als Anlage übersenden wir Ihnen die Kopie der Originalarbeit. Außerdem möchten wir Sie noch darauf hinweisen, daß Prof. FRIEDMAN in einem Gespräch mit unserem New Yorker Mitarbeiter betonte, daß es sich um einige vorläufige Versuche mit 6 Patienten gehandelt habe und daraus noch keine Therapie abgeleitet werden könne. Es sei noch nichts darüber bekannt, ob Nebenwirkungen aufträten, wenn Patienten über längere Zeiträume hinweg mit größeren Dosen von Kohle behandelt würden."

Wenn in der ambulanten Koronargruppe das Gespräch über gesundheitliche Initiativen des Patienten grundsätzlich erwünscht ist – ich denke an Initiativen im Bereich des Nichtrauchens, der Gewichtsreduktion, der Ernährungsumstellung und auch der Bewegungstherapie –, dann darf dieses offene Gespräch nicht vor der Selbstmedikation haltmachen. Für den ärztlichen Gesprächsleiter verlieren sich durch diese Gespräche naheliegende Befürchtungen wie die der Verschleppung von Krankheiten oder des nicht fachgerechten Umgangs mit den Medikamenten (Nichtbeachtung der Gebrauchsanweisung, falsche Wiederverwendung früher verordneter Mittel, Anwendung falscher oder überalterter Mittel).
Weitere Vorzüge des offenen Gespräches über die Selbstmedikation sind:

- Verhaltensrealitäten der Gruppenmitglieder werden verbalisiert, bewußt gemacht und sind der Auseinandersetzung damit zugänglich.
- „Unpäßlichkeiten" können auch nach einem Herzinfarkt von den meisten Menschen in eigener Regie behoben werden; das setzt voraus, daß der Patient zwischen Unpäßlichkeit und ernstzunehmender Beschwerde oder typischen Frühsymptomen gut zu unterscheiden lernt. (Selbstmedikation zielt nicht auf Krankheit ab, sondern auf Alltags-Mißbefindlichkeiten!)
- Es erscheint möglich, zumindestens den Plazebo-Effekt eines Hausmittels zu nutzen, von dem der Patient sich etwas verspricht.

- Gesundheitliche Eigeninitiative als grundsätzlich wünschenswert bleibt erhalten, ohne die Solidargemeinschaft der Versicherten finanziell zu belasten.
- Der Arzt kann beratend und steuernd beteiligt bleiben.
- Unternimmt der Patient etwas gegen ärztlichen Rat, so bleiben die beiden Partner darüber wenigstens im Gespräch, und etwaige Folgen und Konsequenzen können vom Arzt richtig gedeutet werden.
- Wir gestehen den Teilnehmern der Gruppe – wie uns selbst – eigenverantwortliches „Lernen durch Versuch und Irrtum (trial and error)" zu.

2.3.4.9. Laienhilfe im Notfall (Reanimation)
Infarktkranke und ihre Angehörigen können eine beängstigende Information nicht überhören: Über die Hälfte der Infarkt- und Reinfarktpatienten sterben vor der Ankunft in der Klinik. Und häufiger als in der Sprechstunde oder am Krankenbett wird in der Gruppe, vor allem von begleitenden Ehefrauen die Frage gestellt: Was können – dürfen – müssen wir in einem Notfall tun?
Auch unter Ärzten wird zunehmend – kontrovers – darüber diskutiert, welche Maßnahmen prospektiv die Chancen von Infarktkranken in der Prähospitalphase verbessern können (44. Jahrestagung der Deutschen Gesellschaft für Kreislaufforschung in Bad Nauheim, 1978). Ansätze für eine Lösung des Problems sind derzeit nur in der vorklinischen Phase des Myokardinfarkts zu suchen.

> Man wird sich in Zukunft bei der Darstellung der Behandlungsmethoden des akuten Herzinfarkts oder Reinfarkts in Lehrbüchern, auf Kongressen oder Fortbildungsveranstaltungen nicht isoliert der stationären Behandlungsphase zuwenden dürfen, sondern wird sich mehr als bisher Gedanken machen müssen, mit welchen, vielleicht auch unkonventionellen Mitteln die immer noch erschreckend hohe Frühsterblichkeit beeinflußt werden könnte.

Die ambulante Koronargruppe könnte durch die persönliche Betroffenheit der Teilnehmer und Ehepartner eine Zielgruppe sein, in der Konzepte der „precoronary care", die Verbesserungen der Sofortversorgung des Infarktpatienten in der Prähospitalphase zum Ziel haben, diskutiert und realisiert werden könnten.

Welche Zielsetzungen erscheinen in der ambulanten Koronargruppe sinnvoll?

a) Verkürzung der „Patientenentscheidungszeit"
Die Zeit, die zwischen Beginn der Beschwerden und Benachrichtigung eines Arztes liegt, beträgt bei Patienten mit einem akuten Infarkt heute durchschnittlich 5–7 Std (NÜSSEL 1976; PANTRIDGE 1972). Diese Zeit, deren Begrenzung nur in der Hand des Patienten und seiner Angehörigen liegt, ist gefährlich lang, zumal durch sie die notwendige Klinikaufnahme verzögert wird. 50% der Akutinfarktkranken sterben in den ersten 2 Std, und unter ihnen ist der Prozentsatz der unter 50jährigen Patienten besonders hoch. Nur ein kleiner Teil der Patienten befindet sich schon nach den ersten Stunden in stationärer Behandlung: nach 8 Std sind es etwa 50%, nach 12 Std 70% (PANTRIDGE 1972).

Die Länge der Patientenentscheidungszeit ist hauptsächlich Folge der Verkennung und Fehleinschätzung kardialer Symptome des Patienten durch ihn selbst und seine Umgebung. Durch eine intensive, gezielte Beratung, insbesondere von Risikopatienten und deren Angehörigen, die wir ja gerade in Koronartrainings- und Koronarübungsgruppen betreuen, erscheint eine Verkürzung der Patientenentscheidungszeit, und damit eine schnellere Klinikaufnahme und ein früherer Behandlungsbeginn in den gefährlichen ersten Stunden des Reinfarktes denkbar.

Der Einfluß der Patientenentscheidung auf die Dauer der Prähospitalphase wird bei entsprechenden Untersuchungen besonders deutlich in der Gruppe der „Direktaufnahmen". Diese offenbar rasch entschlossenen Patienten suchen die Klinik auf, ohne den Rat des Hausarztes einzuholen und zeigen mit einer mittleren Patientenentscheidungszeit von 88 min den geringsten zeitlichen Verzug in der prähospitalen Phase (NÜSSEL 1976).

Ein Lernziel in der Gruppe könnte also sein, den Teilnehmern und ihren Lebenspartnern diese Zusammenhänge und mögliche Frühzeichen eines Reinfarktes, einer Herzinsuffizienz oder von Rhythmusstörungen nahezubringen. Dabei sollten die Teilnehmer zur „Direktaufnahme“ ermutigt werden, d. h. sie sollten es unter der Annahme eines Notfalles möglicherweise ohne Zwischenschaltung des Hausarztes wagen, die Notfallambulanz des nächstgelegenen Krankenhauses aufzusuchen. Eine „Überschwemmung“ der internistischen Notfallambulanzen mit Pseudo-Reinfarktpatienten ist dennoch nicht zu erwarten, da hohe innere Widerstände gegenüber der Krankenhausaufnahme bei den meisten Patienten überwunden werden müssen: Wir haben es nicht nur mit der Verkennung von Beschwerden aus mangelndem Wissen und mangelnder Erfahrung zu tun, sondern vor allem mit der für viele Infarktpatienten typischen Dissimulation oder Verleugnung. Im Falle der Verleugnung wird auch eine sorgfältige Aufklärung nicht allzuviel an der Länge der Patientenentscheidungszeit ändern. Nur wenn es gelingt, z. B. in einem Gruppengespräch nach den Regeln der themenzentrierten Interaktion, die Hintergründe eines solchen Verleugnungs-Verhaltens bewußt zu machen und aufzuarbeiten, ist es denkbar, daß auch diese Patienten ihren Arzt schneller rufen. Koronargruppen könnten uns lehren, welche Wege beschritten werden müssen, um Risikopatienten für Notfallsituationen besser „auszurüsten“ und Verleugnungs-Mechanismen zu bearbeiten.

b) Einbeziehung von Laien in die Erstversorgung am Notfallort

Reinfarkte mit kardiologischen Notfallsituationen treten meistens außerhalb der Klinik ein. Sollen Wiederbelebungsmaßnahmen, wenn es erst einmal zu einem Kreislaufstillstand gekommen ist, erfolgreich sein, so müssen sie innerhalb von 3 min nach dem Kreislaufstillstand eingeleitet werden. Selbst dann ist nur in maximal 60% der Fälle mit einem Erfolg zu rechnen. Mit Recht wird daher im Konzept der „precoronary care“ die Einbeziehung von Laien in die Erstversorgung am Notfallort diskutiert, die Kenntnisse in der kardiopulmonalen Reanimation erwerben müßten. Erste-Hilfe-Kurse müßten dazu in Schulen, Universitäten, Vereinen, Fabriken fast obligat abgehalten werden. Über die Gesamtproblematik muß die Bevölkerung intensiv unterrichtet und zur Ausbildung in Reanimations-Maßnahmen motiviert werden. Da bei einer derartig breiten Streuung von Grundkenntnissen der kardiopulmonalen Reanimation natürlich auch mit einer mißbräuchlichen Anwendung dieser Kenntnisse gerechnet werden muß, gibt es ebensoviele Gegner wie Verfechter solcher noch unkonventionell erscheinenden Maßnahmen. Ihre Verfechter gehen noch weiter und diskutieren die Vorstellungen, Risikopatienten mit einem kleinen EKG-Sender und automatischen Injektionsspritzen für Lidocain und Atropin auszustatten, einem Besteck zur antiarrythmischen Selbstbehandlung, mit dem erstmals die Astronauten von Apollo 16 versehen waren. Selbst wenn wir in ambulanten Koronargruppen noch nicht so weit gehen wollen, so können erste Berichte aus USA, z. B. aus Seattle, ermutigen, wo nach groß angelegten Aufklärungs- und Reanimations-Trainingsprogrammen der Anteil der Reanimation durch Laien innerhalb von 4 Jahren von 5% auf 20% gestiegen war. In Seattle führte diese Anstrengung zum Langzeitüberleben von 73 Menschen!

Verfechter der Vorstellung von der Laienreanimation erheben in logischer Folge aus den genannten Überlegungen und Erfahrungen auch schon eine technische Forderung: Da Kammerflimmern letztlich einen Defibrillator erfordert, sollten Defibrillatoren nicht nur bei jedem Arzteinsatz zur Hand sein, sondern auch an Orten vermehrten Bedarfs, wie in Arztpraxen, Fabriken, Flugplätzen, Bahnhöfen und Sportstadien, natürlich auch in ambulanten Koronargruppen, jederzeit greifbar sein. Allerdings werden allzu optimistische Erwartungen gedämpft durch die Erfahrung mit der mobilen Intensivbehandlung in Kardiomobilen: Selbst bei primär erfolgreicher Defibrillation erreicht nur etwa die Hälfte der Reanimierten lebend ein Krankenhausbett. Und nur etwas mehr als die Hälfte der Patienten, die lebend aus der Klinik entlassen werden, sind ohne wesentliche Residuen. Hätte ein Teil solcher irreparablen Folgezustände nicht vermieden werden können, wenn „Laien“ in einem kardiologischen Notfall sofort mit der Reanimation begonnen und die Zeit bis zum Eintreffen des Notarztes überbrückt hätten? Eine rasche und fachgerechte Laienhilfe könnte die Ausgangsposition der Patienten zu Beginn der Behandlung auf der Intensivstation und damit ihre Chancen verbessern.

Die genannten kardiologischen Überlegungen und die Angst vor vermeidbarer Hilflosigkeit im Notfall bei den Lebenspartnern unserer Gruppenteilnehmer führten dazu, den Teilnehmern den Vorschlag zu unterbreiten, ihnen und ihren Lebenspartnern bzw. Familienangehörigen theoretische und praktische Kenntnisse in der kardiopulmonalen Wiederbelebung zu vermitteln, ähnlich wie es über das Bayerische Rote Kreuz in der Klinik Höhenried angeboten wird. Motivierend für mich war die zweifache Erfahrung mit einer gelungenen Reanimation von Infarktpatienten durch die Ehepartner: einer der Patienten starb allerdings nach erneutem Kammerflimmern mit konsekutivem kardiogenen Schock auf der Intensivstation des Krankenhauses, der andere, zweimal von der Ehefrau reanimiert, spielt heute wieder Tennis.

Der ganze Komplex der Laienhilfe im Notfall läßt sich in der ambulanten Koronargruppe im Gruppengespräch bearbeiten. Dabei kann themenzentriert das notwendige Sachwissen vermittelt werden, aber es können auch Widerstände und die Hintergründe der Verleugnungshaltung dem Erkennen und der Verarbeitung zugänglich gemacht werden. Nach einer praktischen Reanimationsübung der Teilnehmer untereinander können noch einmal alle Ängste und Unsicherheiten der Teilnehmer, ihrer Lebenspartner, aber auch der Ärzte und Krankengymnastinnen oder Übungsleiter ausgesprochen und reflektiert werden. Im folgenden möchte ich die Lernziele auflisten, die sich in diesem Zusammenhang in der ambulanten Koronargruppe ergeben haben:

Lernziele im Zusammenhang mit der Laienhilfe im Notfall

- Enttabuisierung des Themas „Reinfarkt", Herzstillstand, plötzlicher Herztod, Versuch der Entängstigung der Beteiligten (Arzt, Krankengymnastin, Sportlehrer, Patienten, Angehörige). Frage: Was hindert (mich) an der „Direktaufnahme"?
- Vermittlung bzw. Erwerb theoretischer Kenntnisse und Voraussetzungen zur Erkennung des Notfalls und zur kardiopulmonalen Wiederbelebung.
- Wechselseitige, praktische Übung: Dabei beschränkt sich die Tätigkeit des Laien auf Mund-zu-Mund-Beatmung und externe Herzmassage zur Herstellung eines Not-Kreislaufes als überbrückende Elementarhilfe.
- Einübung der Interventionsmaßnahmen und deren Organisation bei etwaigen Zwischenfällen in der ambulanten Koronargruppe.
- Prospektive Verkürzung einer etwaigen „Patientenentscheidungszeit", präsumptive Planung der organisatorischen Bewältigung eines kardialen Zwischenfalles im Alltag (z. B. Notruftelefonnummer) bis hin zur Aufnahme auf die Intensivstation.
- Umgang mit Medikamenten im Notfall, z.B. Lidocain bzw. Atropin, in Einzelfällen.
- Aufarbeitung der durch oder während des Gruppengespräches auftretenden Ängste und Emotionen.

Am Schluß dieser Ausführungen und Überlegungen muß ich gestehen, daß ich bei der Planung einer solchen praktischen Reanimationsübung, zu der die Lebenspartner eingeladen wurden, die fast ausnahmslos kamen, erhebliche Ängste und Bedenken hatte. Das Drängen der Patienten, den daher immer wieder verschobenen Termin doch endlich einzuhalten, und die ruhige, ernsthafte Beteiligung der Patienten und ihrer Lebenspartner gaben mir dann meine Sicherheit bezüglich des „Reanimationstrainings" und seiner möglichen psychischen Auswirkungen wieder. Im Gruppengespräch und in vielen Einzelgesprächen brachte ein großer Teil der Mitglieder zum Ausdruck, daß die „Generalprobe" die bisher meist unausgesprochene Furcht vermindert habe, einem Zwischenfall völlig hilflos ausgeliefert zu sein und sich außerdem deshalb Vorwürfe zu machen. Wer sich als Arzt an eine komplizierte Reanimation unter den optimalen Verhältnissen einer Intensivstation erinnert, und daß er dabei unter idealen Bedingungen alle Hände voll zu tun hatte und alle Schwestern voll beschäftigt waren, wird es dankbar begrüßen, wenn unter den wesentlich ungünstigeren Bedingungen einer Turnhalle oder eines Sportplatzes eine Reanimation nicht ganz allein „auf seinen Schultern" und denen des Übungsleiters oder Sanitäters liegt. Zukünftige Untersuchungen müssen zeigen, ob dieses Konzept einer erweiterten „precoronary care" Vorteile bringt, und ob sie so groß sind, daß auch ein gewisser technischer und materieller Aufwand gerechtfertigt ist.

2.3.4.10. „Tabuthema" Sterben und Tod

Auch dieses Einzelthema einer Gruppenstunde ist wahrscheinlich ungewohnt, und ich will es daher im Detail ausführen. Es geht um eine Frage von weitreichender Bedeutung: Gestehen wir den Teilnehmern unserer ambulanten Koronargruppen zu, daß sie, vielleicht mehr als andere, von Gedanken an Sterben und Tod bewegt, beängstigt, erschüttert werden? Es mag dies für die Teilnehmer der „High-risk-Gruppe" und für ihre Angehörigen, zumal wenn sie durch vielfältige Einschränkungen und Beschwerden täglich an ihr Kranksein erinnert werden, noch mehr gelten als für die Teilnehmer der „Low-risk-Gruppen" mit ihren oft unkomplizierten Herzinfarkten und ihrer oft uneingeschränkten Belastbarkeit. Wie verhalten wir uns im Wissen, daß unsere Patienten „daran" denken, aber oft nicht einmal mit ihrem Lebenspartner „darüber" sprechen können? Tabuisieren wir das Thema Sterben und Tod, lassen es gar nicht aufkommen und befassen uns vordergründig ausschließlich mit Fragen der Leistungssteigerung? Verleugnen wir unsere eigenen Ängste und Depressionen und die unserer Patienten? Oder kann, im Schutz der Gruppe, auch „darüber" behutsam gesprochen werden? Damit gäben wir uns die Chance, von unseren Patienten zu erfahren, wie viele von ihnen reif und adäquat auf ihr mögliches vitales Bedrohtsein reagieren, damit umgehen und darüber auch mit dem Lebenspartner kommunizieren können. Wir gäben aber auch Mit-Patienten die Chance, solche Bewältigungsstrategien zu erleben und zu erlernen.

Ein 32jähriger Teilnehmer, verheiratet, ein Kind von 2 Jahren, berichtet sehr präzise, er sei nach seinem großen Vorderwandinfarkt im Mai 1978 koronarangiographiert worden. Er habe eine Zweigefäßerkrankung mit 70%iger Einengung der rechten Kranzarterie und zwei 80%igen Einengungen in einem Ast der linken Kranzarterie, recht nahe am Abgang. Außerdem habe er ein sehr großes „Vorderwandaneurysma", und wegen des „schlechten" Befundes käme eine Operation nicht mehr in Frage. Er nähme sehr hohe Dosen von „Medikamenten gegen diese Angina pectoris", habe aber bei ganz leichten Belastungen, bei ganz langsamem Gehen mit der kleinen Tochter schon Beschwerden.

Da mit Tabletten eine Beschwerdefreiheit nicht zu erzielen sei und man ihn nicht mehr operieren könne, wisse er, daß seine Zukunftsaussichten sehr düster seien – „Ich weiß das, und spüre das, auch wenn niemand mit mir vernünftig darüber reden will."

Wer hätte, als ärztlicher Gruppenleiter, hier nicht ein Gefühl von Angst und Inkompetenz? Wer würde jetzt nicht bagatellisieren und „herunterspielen", auch um dem resignierenden jungen Mann Mut zu machen? Das Gefühl der Inkompetenz ist insofern durchaus adäquat, als ärztliche Grundausbildung und institutionalisierte Fortbildung späterer Jahre heute noch weithin das medizinisch-technische Wissen betonen und zu einer vorwiegend naturwissenschaftlich ausgerichteten, beruflichen Identität bei uns Ärzten führen.

> Kommunikatives Verhalten, Trösten und emotionale Abstützung werden nicht gelehrt und eingeübt. Wir erwerben durch unsere Ausbildung keine fachliche Kompetenz für die Kommunikation mit Kranken über ihre Krankheit.

Wir sind also auf diese Situation nicht richtig und ausreichend vorbereitet. Oder gilt ein häufig gehörter Einwand, daß kommunikatives Verhalten nicht lehrbar und lernbar sei? Daß man „das" als Arzt könne (oder nicht könne), kraft „Kinderstube", ärztlichen Charismas oder der im Laufe des Arztseins erworbenen beruflichen Lebenserfahrung?

Unbehandelbarkeit und schwere Krankheit stellen auch unser professionelles Selbstverständnis in Frage, da wir gelernt haben, uns als Helfer zum Leben, nicht jedoch als Krankheits- und Sterbebeistand zu sehen, der Anpassungshilfe an Unausweichliches zu leisten hat.

Es ist daher eine allgemeine Kommunikationshemmung gegenüber Schwerkranken zu beobachten, die mit der Tabuisierung des Todes und daraus folgenden Mängeln in unserer Bewußtseinsbildung, Ausbildung und Fortbildung zu tun hat. Unbehandelbarkeit und Unheilbarkeit mobilisieren latente eigene Todesängste, Widerstände, Verdrängungs- und Verleugnungsmechanismen, rufen Schuldgefühle, aber auch Todeswünsche wach, die uns aber kaum bewußt werden. Unbehandelbarkeit steht im Widerspruch zum medizinisch-technologischen Perfektionismus, zum Mythos des Arztes als Sieger über den Tod, den Patienten und Ärzte kultivieren. Schwerkranke und unheilbare Patienten können eine narzißtische Kränkung bedeuten, auch wenn wir auf einer rationalen Ebene die Grenzen unserer therapeutischen Möglichkeiten akzeptieren: werden uns doch an ihnen unsere Hilflosigkeit im Umgang mit der eigenen Emotionalität und der des Patienten, ebenso wie unsere beruflichen und existentiellen Grenzen dauernd vor Augen geführt.

Hätte man dem 32jährigen Patienten seinen koronarangiographischen Befund nicht besser verschwiegen? Die Fiktion, daß es über längere Zeit gelingen könne, Schwerkranken ärztliches Wissen über ihre Situation vorzuenthalten, da ahnungslose Patienten angeblich sich selbst (und ihre Umwelt und uns) weniger belasten, läßt sich nicht mehr aufrechterhalten, seitdem psychiatrische Studien und sozialpsychologische Feldbeobachtungen übereinstimmend ergaben, daß ärztliches Wissen bezüglich Diagnose und Prognose dem Kranken trotz aller entgegengesetzten Bemühungen nicht verborgen bleiben. Bei onkologischen Patienten und Sterbenden liegen ausgedehnte Untersuchungen darüber vor. Dabei spielt die unbewußte, nonverbale (Meta-)Kommunikation mindestens eine so große Rolle wie die bewußte, verbale. „Wenn wir kurz zusammenfassen, was wir von unseren Patienten gelernt haben, scheint mir eines das Wesentlichste zu sein: sie alle waren sich ihres kritischen Zustandes durchaus bewußt, ob man es ihnen nun mitgeteilt hatte oder nicht. Sie gaben es allerdings dem Arzt und den nächsten Angehörigen gegenüber nicht immer zu erkennen, denn der Gedanke an diese Realität ist so schmerzlich, daß die meisten jede versteckte Bitte der Umgebung, das Thema nicht zu berühren, verstanden und gern erfüllten. Doch für alle Kranken kam der Zeitpunkt, an dem sie ihre Maske fallen lassen wollten, und sei es, um lebenswichtige Angelegenheiten zu ordnen. Aber auch dann noch waren sie bereit, sich wieder ahnungslos zu geben, falls der Arzt und die Familie erkennen ließen, daß dieses Verhalten von ihnen erwartet wurde – denn sie wußten sich abhängig und wollten das Verhältnis zu ihnen nicht gefährden" (KÜBLER-ROSS 1971). „Bei den Patienten ist (also) ein hoher Grad an Informationsbedürfnis explorierbar und darüber hinaus ein Krankheits- und Prognosewissen vorhanden, das weit über jenes Maß hinausgeht, das von den Ärzten intendiert und von ihnen wahrgenommen wird" (BEGEMANN-DEPPE 1976).

Die amerikanischen Sozialpsychologen GLASER u. STRAUSS (1974) haben in ausgedehnten Felduntersuchungen an sechs kalifornischen Krankenhäusern verschiedene Bewußtheitskontexte in der Interaktion mit schwerkranken Patienten erarbeitet:

1. Geschlossene Bewußtheit: der Patient ist ahnungslos.
2. Argwöhnische Bewußtheit: der Patient verfolgt einen Verdacht, ahnt die Wahrheit.
3. Bewußtheit wechselseitiger Täuschung (als Regelzustand): alle Beteiligten wissen Bescheid, können aber nicht über die Wahrheit kommunizieren und verstärken die Täuschungsmanöver.
4. Offene Bewußtheit (als Zielvorstellung): der Patient kennt Diagnose, Prognose, kann darüber mit seiner Umgebung kommunizieren, beginnt die Situation zu verarbeiten.

Die ersten drei Bewußtheitskontexte bedingen charakteristische, vielschichtige Interaktionsformen aller an der Therapie Beteiligten, vielfältige Manipulationen zum Zweck der Geheimhaltung: Sie können zu einem undurchdringlichen Spiel mit verteilten Rollen führen, wobei durch Vermeiden, Verschweigen, Verbergen und Täuschungsmanöver Informationen gegenüber dem Patienten zurückgehalten werden sollen. Wird der Argwohn des Patienten stärker, so müssen die taktischen Abwehrmaßnahmen und Schachzüge der Behandler verstärkt werden, ein System, in das die „mitspielenden" Angehörigen einbezogen werden. Damit ist dem Schwerkranken die zutiefst menschliche und menschenwürdige Möglichkeit genommen, seine Situation mit Hilfe seiner Umgebung zu erkennen, zu bearbeiten, und – soweit er kann – zu akzeptieren. Denn:

> Erlebte innere und äußere Wirklichkeit, die nicht angesprochen werden darf, wird irreal und verursacht oder vergrößert Ängste.

Die Alternative, die in dieser Situation oft entgegengehalten wird, kann natürlich nicht Aufklärung und Information um jeden Preis und unabhängig von den Bedürfnissen des Patienten heißen. Aber gerade in der Koronar-Übungsgruppe, mit Patienten, die ihre Einschränkungen und Begrenzungen täglich vielfältig spüren, ist das „Bewußtsein wechselseitiger Täuschung" ein die Gruppe lähmender und verfälschender Faktor. Die Alternative müßte etwa folgendermaßen ausgerichtet sein: Therapeut und Gruppenmitglieder sind dem einzelnen behilflich, zu den für ihn notwendigen und möglichen Erkenntnissen zu gelangen, statt sie ihm verbal zu verbauen. Dazu brauchen wir nicht die richtige Antwort oder Aussage parat zu haben, sondern wir suchen gemeinsam nach der richtigen Frage, die es dem Betroffenen ermöglicht, sich selbst die richtige Antwort zu geben.
Für die Gruppenleiter kann dabei das 5-Phasen-Modell (KÜBLER-ROSS 1971) eine diagnostische und therapeutische Hilfe sein.

> Nur wenige Gruppenmitglieder machen alle Phasen in typischer Reihenfolge durch, aber mit dem Raster der 5-Phasen als Hintergrund der Empathie lassen sich sonst schwer verständliche Fragen, Aussagen, Bedürfnisse und Verhaltensweisen schwerkranker Gruppenmitglieder besser verstehen als ohne dieses Raster.

1. Phase: Abwehr und Verleugnung

Im ersten Stadium des Nicht-wahrhabenwollens leugnen die Patienten ihre schwere Krankheit und die dazugehörigen prognostischen Aspekte. Sie glauben, es handle sich um Verwechslungen, Irrtümer, falsche Zuordnungen von Untersuchungsergebnissen, falsche diagnostische Rückschlüsse auf seiten der Ärzte. Angst vor dem Faktum der schweren, chronischen Krankheit, des möglichen Sterbens, ruft eine deutliche Abwehrhaltung hervor. Man beobachtet sie vor allem bei Patienten, die unvermittelt und zu früh durch jemanden informiert worden sind, der den Betroffenen und seine Aufnahmebereitschaft nicht kennt, der seiner juristischen Aufklärungspflicht genügen will, sich selbst „absichern" möchte, oder der es „schnell hinter sich haben will". Daraus resultiert beim Patienten oft eine besonders ausgeprägte, anhaltende Verleugnung, die der Hintergrund der häufig zu beobachtenden „Übermotivation" sein kann. Die Gruppe kann es dem Patienten möglich machen, über seine Gefühle zu sprechen, die er allein nicht oder nur mühsam verarbeiten kann, trägt Sorgen, Angst, Verzweiflung, Zorn und Einsamkeit mit, anstatt diese Gefühle zu bagatellisieren. Manchmal können auch die verstummten Lebenspartner nach einem solchen Gruppengespräch das Zweiergespräch wieder aufnehmen und weiterführen.

2. Phase: Zorn und Aggression

In der Regel folgt als 2. Stadium das des Zorns, der Auflehnung. Die allmählich zunehmende Gewißheit chronischer Krankheit löst eine wuterfüllte Enttäuschungsreaktion aus, auf Grund des plötzlichen „cut off" vom vitalerfüllten Dasein. „Warum denn gerade ich?" fragen die Patienten und verbinden damit häufig die Frage nach einer Eigenschuld. Außerdem ergießt sich der Zorn nach allen Seiten, und mannigfaltige Unzufriedenheit und Feindseligkeitsgefühle gegenüber Hausarzt, Krankenhaus und Rehabilitationsklinik treten mehr oder minder unverhüllt zutage.

Der Patient Rudolf W. (geb. 1923) befand sich auch in der Infarktgruppe lange Zeit in der Phase des Zornes und der Aggression, über die wir uns einmal selbst klar werden mußten, ehe wir darangehen konnten, die Situation mit dem Patienten zu reflektieren. Während der Zeit seiner stationären Behandlung im Kreiskrankenhaus hatte er an der ambulanten Koronargruppe teilgenommen, und er wollte sich nach Rückkehr aus der Rehabilitationsklinik weiterhin daran beteiligen. Vor Therapeuten und Patienten vollzog sich nun in langsamer Progredienz ein Prozeß, den alle Beteiligten anfangs nicht recht erkannten oder bagatellisierten. Der sonst durchaus realitätsgerechte Mann geriet zusehends in die Phase des Zorns und der Aggression, die sich dadurch äußerte, daß er im Gruppengespräch von jeder Thematik her immer wieder auf sein Anschlußheilverfahren zu sprechen kam. Hier schien für ihn die Wurzel allen Übels zu liegen und faßbar zu sein. Endlose, die übrigen Gruppenmitglieder irritierende und langweilende Klagen und Schimpfkanonaden erstreckten sich auf alle Details seines Anschlußheilverfahrens: diagnostische und therapeutische Maßnahmen, Diät, Bewegungstherapie, Können und Zuwendungen der Ärzte, schließlich auch auf Anreise und Abreise, Wetterlage und Jahreszeit. Alles wurde zum Zielpunkt seines unbändigen Zornes darüber, daß ihn, der bisher noch nie richtig krank gewesen war, eine solche Krankheit betroffen hatte. Gespräche mit seinen Angehörigen ergaben, daß der Patient früher keinesfalls ein „bayrischer Grantler" gewesen sei, sondern ein lebensbejahender, freundlicher, ausgeglichener Mann. Lange versuchten die Gruppenmitglieder erfolglos, Herrn W.'s Schilderungen seiner stationären Rehabilitation aus eigener Erfahrung richtigzustellen und zu korrigieren. Erst die Einsicht, daß es sich hier um eine Phase der Krankheitsverarbeitung handeln könnte, ermöglichte es uns, im Gruppen- und Einzelgespräch besser mit der Situation fertigzuwerden. Es gelang dem Patienten, seinen grenzenlosen Zorn auf den verunsichernden Einbruch in sein Gesundheits-, Sicherheits- und Leistungsgefühl zu erkennen, auszusprechen und zu reflektieren. Infarktgruppe und Familie atmeten auf, als Herr W. zum ersten Mal, noch mit einem etwas mühsamen Lachen sagen konnte: „Jetzt schimpfe ich doch schon wieder vor mich hin, weil ich so eine Sauwut im Bauch habe, wegen dem ganzen Zeug."

Zweifellos bedeutete die Erkenntnis eines phasenhaften Verarbeitungsprozesses nicht nur für den Patienten eine Lebenshilfe, sondern auch für seine Familie und für die Therapeuten, einschließlich des Hausarztes: hatten sich doch vorher alle stillschweigend auf den Nenner geeinigt, daß Herr W. ein höchst unsympathischer, um nicht zu sagen beinahe unerträglicher Patient sei, auf dessen Anwesenheit und Teilnahme am Gruppengeschehen man lieber verzichten würde.

Ärzte aus Akutkrankenhaus und Rehabilitationsklinik, Hauszart, Gruppenmitglieder und Angehörige werden in dieser Phase also zu Sündenböcken, mit denen man sich verbal-aggressiv messen kann, weil man gegen den eigentlichen Anlaß des Zorns, gegen die Krankheit, die unangreifbar und damit ungreifbar ist und bleibt, nicht kämpfen kann. Jetzt kommt es leicht zu destruktiven Mißverständnissen zwischen Patient und Arzt oder Patient und Angehörigen, die gegenagieren: vor allem die Familie (aber auch die Koronargruppe) hat oft große Schwierigkeiten, das abweisende, gereizte, aggressive Pascha-Verhalten des Patienten, „für den man doch alles tut", zu deuten und zu verstehen. Ziehen sich die nächsten Angehörigen jedoch verstört vom Patienten zurück oder zerstreiten sie sich mit ihm, so wächst die Deprivation des Kranken einerseits, andererseits werden Schuldgefühle und Gefühle des Versagens so übermächtig, daß sie auf allen Seiten einer Verarbeitung des Geschehens im Wege stehen.

> Auch der Arzt erträgt nur mühsam Dauerkritik an allen ärztlichen Leistungen und der emotionalen Zuwendung, es sei denn, es gelänge, trotz der vordergründigen Aggression die dahinterliegende Hilflosigkeit, Abhängigkeit, Isolierung, Verlassenheit und das Herausgerissensein aus wichtigen sozialen Bezügen mit aller darin begründeten Verzweiflung zu erkennen und den Patienten so anzunehmen.

Die Kenntnis des 5-Phasen-Modells erleichtert dies.

FREYBERGER (1973) weist darauf hin, daß die Feindseligkeit in der Phase des Zorns aber auch abgewehrt oder nach innen gewandt werden kann, eine von Ärzten und Angehörigen schwer interpretierbare Situation. Der Kranke bleibt dann ein „dankbarer", „angenehmer", weil geduldig-fügsamer Patient, der es nicht wagt, in der Diskrepanz von Kommunikationsbedürfnis und Kommunikationsrealität die dürftigen emotionalen Kontaktmöglichkeiten mit Behandlerteam und Familienangehörigen aufs Spiel zu setzen.

3. Phase: Verhandeln

Das 3., meist nur flüchtige und besonders verkannte Stadium ist das des „Verhandelns". In dieser Phase versucht der Patient durch eine Art Handel mit Gott und der Welt, mit sich selbst und allen Behandlern Endgültiges zu modifizieren oder Unvermeidliches hinauszuschieben. Dabei entwickeln die Patienten eine erstaunliche „manipulative" Aktivität in Richtung auf Ärzte und Angehörige. Sie bitten und suchen, direkt und auf Umwegen um diagnostische und therapeutische Maßnahmen aller Art, um neue Medikamente und neue Behandlungsmethoden, auch aus dem Kreis der schulmedizinischen Außenseiter. Ein Teil der Selbstbehandlungsversuche und Besuche beim Heilpraktiker, die in der Gruppe diskutiert werden, mag hier ihre Wurzel haben. In dieser Phase fragen Patienten nach einer Koronarangiographie, auch nach einer zweiten oder gar dritten.

> Erkennen und erspüren wir die Hintergründe dieses Angebot-Verhaltens nicht und sehen wir unsere Aufgabe nur in einem Allfrontenkrieg gegen Krankheit und Tod, so werden wir dem Patienten technische statt menschlicher Gegenangebote machen.

Diagnostische und therapeutische Maßnahmen gewinnen dann Alibifunktionen und Surrogatcharakter. Unsere Patienten sind aber nicht nur auf „Maßnahmen", sondern auf die Gegenwart und den Beistand von Mitmenschen angewiesen. Jeder sollte wenigstens einen Menschen haben, der die eigene Endlichkeit erkannt und akzeptiert hat, die Wirklichkeit einer schweren Krankheit nicht mehr verdrängen und verleugnen muß und dem Betroffenen die Kompetenz für seine eigene Situation in Offenheit, Wahrheit und Bewußtheit zugesteht.

4. Phase: Depression

Die Depression ist die einfühlbare Reaktion auf den erfolgten Verlust an Gesundheit, Leistungsfähigkeit, Unabhängigkeit, Uneingeschränktheit und ist vergangenheitsbezogen. Im Hinblick auf den Krankheitsverlauf hat sie aber auch eine zukunftsbezogene Dimension: sie ist ein notwendiges Durchgangsstadium, ohne das man kaum zum letzten, 5. Stadium, dem des Annehmens, der Zustimmung gelangen kann. Ich glaube, wir machen uns viel zu selten bewußt, in welcher Deprivation sich die Teilnehmer einer 25- und 50-Watt-Gruppe befinden: es fehlen ihnen körperliche Gesundheit, seelisches Wohlbefinden, soziale Kontakte, Selbstverwirklichungsmöglichkeiten durch Arbeit und Freizeitgestaltung, Entscheidungs- und Bewegungsfreiheit. Sie haben Schmerzen bei Alltagsbelastungen und Angst vor der nächsten Stenokardie oder der Atemnot, außerdem Sorgen für Menschen und Aufgaben, die sie vielleicht zurücklassen müssen. Ist der einzelne wenig klagsam, sondern still und in sich gekehrt, so bleibt die Depression larviert, wird spät oder überhaupt nicht erkannt, oder vom Arzt, der in somatischen Kategorien denkt, als somatogen fehlgedeutet und behandelt. Der Patient bekommt Tranquilizer. Die depressive Phänomenologie, die erst bei geduldiger Zuwendung deutlich werden würde, bleibt verborgen. In der Gruppe könnten Patient und Lebenspartner über Schmerzen und Beschwerden, aber auch über Gefühle und Ängste (auch miteinander) sprechen.

5. Phase: Zustimmung

In dieser Phase hat es der Patient gelernt, sein Schicksal weitgehend ohne Zorn und Niedergeschlagenheit hinzunehmen – sofern er vorher genügend Hilfe zur Überwindung der ersten Phasen gefunden hat. Dabei darf die Phase der Einwilligung nicht etwa als ein glücklicher Zustand verstanden werden: sie stellt eher eine ruhige Phase dar, in der die Auseinandersetzung des Patienten mit der Realität zu einem vorläufigen Abschluß gekommen ist. In dieser Phase ist der mündige Patient, auch was die psychosoziale Dimension seiner Krankheit angeht, „Spezialist in eigener Sache: seinen Gruppenmitgliedern und seinem ärztlichen Gesprächspartner gibt er zunehmend mehr, als er nimmt.

> Der Infarktkranke hat uns Erfahrungen voraus, die wir mit ihm teilen dürfen, und kann zum Lebenshelfer für die werden, die mit ihm an einer gemeinsamen Grenze aushar-

ren, der der eine schon etwas näher, der andere „vorläufig" noch ferner steht.

Gruppen- und Einzelgespräche werden dann für alle Beteiligten zu einem Therapeutikum gegen die Angst vor dem Dunklen, Unverfügbaren der eigenen Existenz. Für die Gruppenmitglieder und die Therapeuten der beiden Krankenhausgruppen in München-Pasing ist es in vielen Gesprächen evident geworden, daß zumindest zwei Ehepaare gemeinsam die Phase ruhiger Zustimmung, die die Hoffnung ein- und nicht ausschließt, erreicht haben und wohl nicht mehr verlieren.
(Zu diesem Kapitel gehört auch die Frage, ob und wie im Gruppengespräch ein Reinfarkt, andere schwere Krankheiten oder der Tod eines Gruppenmitglieds besprochen werden. Nach dem oben Gesagten und Erfahrungen an Rehabilitationskliniken können und dürfen solche Ereignisse nicht verschwiegen und tabuisiert werden.)

2.3.5. Soziolinguistische Probleme im Gruppengespräch

Allen an der Leitung unserer Gruppenstunden Beteiligten – den Ärzten, Krankengymnastinnen, dem Sozialarbeiter – war aufgefallen, daß im Laufe der Zeit in den Gruppengesprächen tabuisierte und angstbesetzte Themenkreise zunehmend verbalisiert werden konnten. Gleichzeitig mußten wir feststellen, daß vor allem, und in zunehmendem Maße Angehörige der Mittelschicht, der Schicht, der auch Arzt, Krankengymnastin und Sozialarbeiter angehören, sich an den Gesprächen beteiligten. Die Arbeiter und Hilfsarbeiter in der Gruppe mußten zunehmend ermutigt werden, ihren Gedanken und Gefühlen Ausdruck zu verleihen. Sie unterschieden sich in ihren Ausdrucksmöglichkeiten für den jeweiligen Sprecher und alle Hörer spürbar von den anderen in der Gruppe – trotz spürbarer Authentizität ihrer Gefühle. Es ist nicht ausgeschlossen, daß einige Patienten des Kreiskrankenhauses München-Pasing, die während ihres Krankenhausaufenthaltes in die Gruppe eingeladen wurden und auch wenige Male daran teilnahmen, dann aber ausschieden, das Gruppengespräch als Belastung und Verpflichtung empfunden haben, denen sie sich aus sprachlichen Gründen nicht gewachsen fühlten. Arbeiter und Hilfsarbeiter, die der Gruppe längere Zeit angehört hatten, leiteten ihre Ausführungen auffällig häufig etwa mit dem Satz ein: „Ich red' jetzt, wie mir der Schnabel gewachsen ist." Hier sehen wir mögliche negative Effekte eines themenzentrierten Gruppengespräches, zumal eine Beschäftigung mit der Unterschichtssprache und den sozialen Verhältnissen der Unterschicht bei Ärzten weder vorausgesetzt werden kann noch leicht nachzuholen ist.
Bei den folgenden Überlegungen soll, idealtypisch, ein vereinfachendes Schichtenmodell verwandt werden, nach dem sich Unterschicht und Mittelschicht unserer Patienten dadurch unterscheiden, daß die Unterschichtsangehörigen körperlich arbeiten, die Mittelschichtsangehörigen nur in der Freizeit (DIECKMANN 1975). Dieses Faktum spiegelt sich in einem auf die körperliche Arbeit bezogenen Leistungsbewußtsein, das zur Solidarisierung und Abgrenzung gegenüber den nicht körperlich Arbeitenden motiviert, wider.

Soziologische und psychologische Untersuchungen zum Globalbegriff „Unterschichtsproblematik" sind Ärzten kaum bekannt. Daher wird uns die sprachliche Unterschichtsproblematik in der ambulanten Koronargruppe lange nicht bewußt.

Die Rolle sozioökonomischer Bedingungen
Die Stellung des Ernährers in der Unterschichtfamilie ist im Hinblick auf Arbeitsplatz, Arbeitsbestimmungen, Arbeitslohn durch größere *Abhängigkeit* gekennzeichnet, da der Unterschichtsfamilie außer dem Arbeitslohn bzw. dem Krankengeld kein anderer wirtschaftlicher Rückhalt zur Verfügung steht. Die überall spürbare *Einengung* verstärkt sich durch die mit der Arbeitsorganisation verbundenen physischen und psychischen Belastungen (Schicht-, Akkord- und Bandarbeit). Gelingt es im Gruppengespräch, Arbeitsplatzsituationen und die dort erlebten Belastungen aufscheinen zu lassen, so bilden sich rasch zwei Gruppen. Im ungünsti-

gen Falle „beraten“ die Mittelschichtsangehörigen gutmeinend, aber doch „von oben herab“ z. B. hinsichtlich der Arbeitsplatzsituation, von der sie nichts verstehen, während Unterschichtsangehörige „Belastungen“ jeder Art am Arbeitsplatz der anderen in Frage stellen. Hinzu kommt, daß die durch körperliche Arbeit gewonnene Lohnsumme in der Regel weitgehend zum Lebensunterhalt der Familie verbraucht wird.
Diese Situation wird quälend deutlich und läßt sich kaum überbrücken, wenn Feierabend- und Freizeitgestaltung, Wochenendgestaltung, Urlaubsgestaltung, Hobby und Sport diskutiert werden. Da stehen Kleingartenarbeit, Basteln an Wohnung und Haus, Spazierengehen und Radfahren dem geplanten Skiurlaub in Davos, der Flugreise nach Kanada, dem Reiten und dem Golfen antithetisch gegenüber. „Die Tatsache, daß sich körperlich Arbeitende in einer Mangelsituation befinden, läßt sich an Untersuchungen über die (wirtschaftliche Leistungskraft widerspiegelnden) Wohnverhältnisse ablesen. Die Wohnungen sind in der Regel eng – ein Heimtrainer läßt sich nicht unterbringen –, gemessen an den Familienbedürfnissen nur beschränkt nutzbar und überdies häufig in mangelhaftem Zustand (baulicher Zustand, hygienische Einrichtungen, Möbeleinrichtung)“ (DIECKMANN 1975). Im Gruppengespräch diskutieren die einen den Einbau einer Sauna oder haben ein Schwimmbad im Garten, bei den anderen läßt sich keine Wechselbrause durchführen, weil es nur eine Badewanne außerhalb der Wohnungstür gibt. „Die erwähnten Faktoren bewirken, daß die Beachtung oder Entwicklung körperlicher Bedürfnisse (etwa Schlaf, Ruhe, Hygiene) und seelischer Bedürfnisse (Individualität, Privatleben) bedeutend erschwert ist“ (DIECKMANN 1975). Während einerseits das Problem auftaucht, wie man mit Haus und Garten ohne Hausmädchen zurecht kommt, stellt sich andererseits die Frage, wo überhaupt das autogene Training in den $1^1/_2$- bis 2 Zimmern durchführbar wäre.

Unterschiede im subjektiven Erleben von Unter- und Mittelschicht

„Die sozioökonomische Situation spiegelt sich im Bewußtsein grundlegend insofern wider, als sich infolge gemeinsamer Erfahrungen von Abhängigkeit und Einengung ein durch (mehr oder weniger ausgeprägte) Solidaritätsgefühle gekennzeichnetes Gruppenbewußtsein entwickelt, indem man einer als bedrohend empfundenen „Außenwelt“ apathisch oder abwehrend-aggressiv gegenübersteht. Angehörige der Unterschicht sind sich bewußt, daß sie sich von der Mittelschicht nicht nur durch Einkommen, Prestige und Ausbildung, sondern auch durch beschränktere Kenntnisse und eine Beschränkung der Erfahrungsdimensionen unterscheiden. Sie äußern dieses Wissen, wenn sie wichtige und richtige Aussagen unter Bezug auf ihre Person einschränken und abwerten. Sie leben in Zusammenhang mit diesen durch die täglichen Erfahrungen bestätigten Unterscheidungen auch in affektiver Distanz zur Mittelschicht“ (DIECKMANN 1975). So erstaunt es den Gruppenleiter immer wieder, mit welcher emotionalen Sicherheit neue Mitglieder je nach Schichtzugehörigkeit von den „Alteingesessenen“ geduzt oder gesiezt werden und ebenso rasch und sicher selbst duzen oder siezen. Für ärztliche Gruppenleiter und Krankengymnastinnen bleibt das „Sie“ vorbehalten. „Angehörige der Unterschicht beschränken sich aus dem erwähnten, affektiv getönten Unterscheidungsbewußtsein auf die Pflege schichtgebundener Kontakte innerhalb der durch Arbeiten und Wohnen vertrauten Umgebung, oft ohne am sozialen Leben außerhalb der eigenen Gruppe mit Interesse oder persönlichem Engagement teilzunehmen“ (DIECKMANN 1975). Diese schichtgebundenen Kontakte sind nun durch den Herzinfarkt insofern gestört, als vor einem völlig neuen Leidens- und Erfahrungshintergrund unbekümmertes Essen, Trinken und Rauchen mit den Arbeitskollegen kaum noch möglich ist, auf den Sportplatz keiner mitkommt, und viele berufliche Kontakte durch Krankenhausaufenthalt und Rehabilitationsklinik unterbrochen sind. Wechselseitige Einladungen unter Arbeitskollegen in die Familie sind – auch wegen des beschränkten Raumes – oft nicht üblich.

Die schwierige Solidarisierung mit einer anderen Sozialschicht, mit der man aber die

Krankheitserfahrung teilt, erhält in der ambulanten Koronargruppe eine besondere Bedeutung.

Doch hier ist das Gespräch erschwert, unter anderem durch das Gefühl der Unterschichtsangehörigen, in Umgangsformen und Ausdrucksvermögen den anderen unterlegen zu sein. Außerhalb der Gruppe leben die Unterschichtsangehörigen nach einem Herzinfarkt oft in der Grundstimmung der Ungewißheit, Unsicherheit und dem Gefühl, die eigene Lage nicht aus eigener Kraft zum Besseren wenden, noch durchgreifende Hilfe von außen erwarten zu können. Resignative Gefühle liegen nahe und werden in der Gruppe oft geäußert, wenn Gruppenkohäsion und Vertrautheit so gewachsen sind, daß man auf die Frage: „Wie geht's?" auch anders antworten kann als: „Danke, gut, und Ihnen?".

Unterschiede im sprachlichen „Code"

Wird Sprache als Voraussetzung für jede höhere Organisation von Kommunikation gewertet, so ist die Kommunikationsfähigkeit des einzelnen von sog. *linguistischen Codes* abhängig, die er im Rahmen seiner Sozialisation erlernt.

BERNSTEIN (1959) beschreibt den linguistischen Code der Mittelschicht als einen, der sich durch differenzierte Ausdrucksmuster und einen hohen Grad von Kontextunabhängigkeit auszeichnet. Im Gegensatz dazu ist der der Unterschicht zugeschriebene, „restringierte" Code in seinen Ausdrucksmustern wenig differenziert und relativ kontextgebunden. Er enthält in semantischer, lexikalischer und syntaktischer Hinsicht nur wenig logische Komplexität. Daher ist der Unterschichtscode zum Ausbilden oder Erfassen einer höheren Kausalitätsordnung wenig geeignet, aber auch nicht zur verbalen Differenzierung interpersonaler und intrapersonaler Gefühle (BERNSTEIN 1973).

Andererseits enthält dieser sog. „restringierte" Code kaum abschätzbare, nicht explizit gewordene Erfahrungsinhalte, „ein riesiges Potential von Bedeutungen", die der Mittel- und Oberschicht unbekannt und unverständlich sind.

Ein anderes Kommunikationsproblem liegt in der unterschiedlichen Art und Weise, wie Gesprächsabsichten in den beiden Codes ausgedrückt werden: Im restringierten Code der Unterschicht werden sie nämlich nicht verbal herausgearbeitet und gesondert ausgedrückt, sondern vielmehr durch nicht-verbale Zeichen dargestellt.

Was bedeuten diese Erkenntnisse aus dem Grenzgebiet der Soziologie und Sprachforschung für die ambulanten Koronargruppen? In der Pädagogik sind die geschilderten linguistischen Probleme alltäglich und werden Lehrern in ihrer Ausbildung nahegebracht. Für den guten Lehrer ergibt sich daraus die Forderung, sich mit den sozialen Verhältnissen und der Sprache der Unterschicht auseinanderzusetzen. Er sollte darüber hinaus nicht nur zum Gebrauch des ausgefeilten Oberschichts-Codes anleiten, sondern didaktisch mit den Unterschichtsangehörigen die für ihre Selbstbehauptung grundlegende Fähigkeit üben, je nach der sozialen Situation, vom einen zum anderen Sprachcode überzugehen.

Ärzte schenken dem Faktor „störungsfreie Kommunikation" bei der Gesundheitserziehung oder bei Gruppengesprächen bisher noch zu wenig Beachtung. Jahrelange systematische Untersuchungen von Arzt-Patienten-Begegnungen unter dem Aspekt, wie vom Patienten ausgehende Mitteilungen vom Arzt registriert und beantwortet werden, zeigten, daß es praktisch keine störungsfreien Begegnungen gibt. Verständlicherweise neigen wir als Ärzte dazu, diese durch vielfältige Untersuchungen belegten Tatsachen zu leugnen und in den Bereich der böswilligen Behauptung zu verweisen, der jede Alltagserfahrung widerspräche. Wahrscheinlich sind die sozialen Sprachbarrieren in der ambulanten Koronargruppe weniger hoch als im Krankenhaus bei der Chefarztvisite. Dennoch ist es überraschend, wie unreflektiert Ärzte und Patienten (auch in der Koronargruppe) glauben, sich miteinander verständigt zu haben.

Mangelnde gesundheitserzieherische Effektivität beruht in vielen Fällen nicht auf Uneinsichtigkeit und Indolenz der Patienten, sondern auf Kommunikationslücken, Mißverständnissen und Unverständnis durch nicht beseitigte soziale Sprachbarrieren.

Das gilt vor allem für die Teilnehmer aus den sozialen Unterschichten, die vielleicht aus diesem Grunde in einem höheren Prozentsatz auf lange Sicht den Koronargruppen fernbleiben. „Obwohl Arbeiterpatienten genauso wie jene der mittleren Sozialschichten über ihre Krankheit informiert werden möchten, gelingt ihnen die Übernahme einer aktiven Rolle, welche das Stellen von Fragen mit beinhaltet, schlechter als den Mittelschichtpatienten. Die Ärzte, die selbst einen elaborierten Code benützen, erwarten, daß Gesprächsabsichten auch verbal ausgedrückt werden und somit Fragen und gezielten Hinweisen von seiten des Patienten kommen. Dieser Erwartung können Arbeiterpatienten in ihrer Eigenart, Intentionen nicht explizit verbal darzustellen, nicht nachkommen, obwohl sie einen entsprechenden Wunsch nach Information spüren. Der Unterschied des linguistischen Codes zwischen Arzt und Grundschichtpatient kann daher zu einem Bruch der Kommunikation führen" (SIEGRIST u. HENDEL-KRAMER 1979).

Soziolinguistische Forschungsergebnisse könnten manche Kommunikationsschwierigkeiten im Gruppengespräch erklären helfen. Kommunikationsschwierigkeiten sind natürlich auch in nur auf Bewegungstherapie und Information ausgerichteten, weniger gesprächsbezogenen Gruppen existent, wenn sie auch weniger bewußt werden. Die Soziolinguistik liefert zwar kein Patentrezept für die geschilderte Problematik, wenn wir aber das Gruppengespräch für unverzichtbar halten, stehen Problembewußtsein und Empathie am Anfang jede adäquaten Handelns. Vielleicht gelingt es uns, in der Koronargruppe (z. B. durch TZI) kommunikatives Verhalten dazuzulernen, eine einseitige Benutzung und ein einseitiges Hervorheben unserer „sozialen" Sprache zu vermeiden und zugleich unsere soziolinguistische Sensibilität und Flexibilität zu üben. In diesem Zusammenhang könnte in der Gruppe eine interessante Hypothese systematisch überprüft werden, ob nicht geradezu ein Nachteil des abstrakten, elaborierten Sprachstils darin zu sehen ist, daß er Abwehrmechanismen wie Rationalisierung, Intellektualisierung und Isolierung von Affekten begünstigt. Die Chance und Stärke des Unterschichts-Codes könnte darin liegen, daß die konkretisierende Sprechweise eher den Ausdruck von Gefühlen zuläßt und damit bessere Voraussetzungen für die Mitarbeit in psychotherapeutischen Gruppenprozessen schafft.

2.3.6. Der Sozialarbeiter als „Therapeut" in der ambulanten Koronargruppe

Nicht nur das psychosomatische bzw. somatopsychische Beziehungsgefüge wird durch den Herzinfarkt beeinträchtigt, sondern bei vielen Gruppenmitgliedern hat das Infarktgeschehen darüber hinaus vielfältige soziale Konsequenzen. Sozialmedizinische Möglichkeiten sind heute fast zu einem paramedizinischen Spezialgebiet geworden, obwohl Hausarzt und Gruppenarzt auch Sozialanwälte ihrer Patienten sein sollten. Sie sind verpflichtet, Hilfen und Erleichterungen zu kennen, die den chronisch Kranken nützen, auf die diese einen Rechtsanspruch haben, und die nicht selten einen wesentlichen therapeutischen Faktor darstellen. Der Begriff „Anspruch" löst allzu leicht Mißverständnisse aus: Er ist in diesem Zusammenhang nicht im Sinne von „Anspruchsdenken", im Stile der Konsumgesellschaft benutzt, sondern bedeutet meist nichts anderes als Ersatz für die Hilfen, die früher einmal die Großfamilie gewährt hat. Der sozialversicherungsmedizinische Anspruch der chronisch Kranken ist in zahllosen, für Haus- und Gruppenarzt oft kaum übersehbaren Sozialgesetzen niedergelegt (z. B. Bundessozialhilfegesetz, Rehabilitationsangleichungsgesetz u. a.), zu denen Ärzte oft zu wenig konkrete Beziehungen haben. Psychische und soziale Aspekte von Gesundheit und Krankheit waren in unserer Ausbildung und sind in unserer Fortbildung ja auch immer noch weitgehend ausgeblendet. In dieser Situation sollte der Versuch gemacht werden, auch in der ambulanten Koronargruppe mit Psychologen, Sozialarbeitern und Sozialpädagogen zusammenzuarbeiten, um unser therapeutisches Angebot patientenzentriert zu erweitern und zu ergänzen. Es erscheint noch zu früh, die Frage

nach Kompetenz und Zusammenarbeit, Zuständigkeit und Abgrenzung von Sozialarbeiter, Arzt und Übungsleiter im psychosozialen Problemfeld differenziert zu beantworten; aber gerade die ambulante Koronargruppe könnte ein Modell einer multiprofessionellen, interdisziplinären Zusammenarbeit sein, wie sie anderenorts in den sog. sozialpsychiatrischen Diensten versucht wird. Entsprechende Empfehlungen finden sich in der Psychiatrie-Enquête, aber auch im Programm der Bundesregierung zur Förderung von Forschung und Entwicklung im Dienste der Gesundheit (1978–1981). Auch hier ist übrigens das Problem der Honorierung der Psychologen und Sozialarbeiter, die in der Regel nicht von den Sozialversicherungsträgern unterstützt werden, außerhalb der Modellphase problematisch. Vielleicht ist der minimale ökonomische Aufwand solcher – aus der Sicht des Arztes – semiprofessioneller Hilfen eine Teilursache dafür, daß sie sich gegenwärtig in sozialpolitischen Reformprogrammen großer Beliebtheit erfreuen. ENKE hat auf der Lindauer Psychotherapiewoche 1979 „Psychotherapie" definiert als Behandlung über den Weg der optimierten und kontrollierten zwischenmenschlichen Beziehung. Sozialtherapie ist dann der Bereich der Psychotherapie, in dem – wissenschaftlich begründet – besondere Kommunikationskompetenzen (neben Fachkompetenzen und darüber hinaus) zum Tragen kommen, um den therapeutischen Vorgang zu optimieren (ENKE 1979).
RICHTER (1978) hat den Sozialarbeiter als den Psychotherapeuten der Unterschicht herausgestellt. In den beiden ambulanten Koronargruppen im Kreiskrankenhaus München-Pasing hatten wir die Chance der Zusammenarbeit mit einem Sozialarbeiter, der im folgenden einen Ausschnitt seiner Mitarbeit schildert. Arzt und Übungsleiter (Krankengymnastin) hätten der Vielfalt sozialmedizinischer Fragen und Probleme in der Gruppe nicht ohne diese sozialmedizinische Kompetenz gerecht werden können. Wer von uns Ärzten fühlt sich kompetent für Antworten zu folgenden Fragen und Stichworten: Umsetzung, Umschulung, Berufsunfähigkeit, Erwerbsunfähigkeit, Rente auf Zeit, Krankengeld, Aussteuerung, Übergangsgeld, zusätzlicher Verdienst bei Berentung, Altersrente, Wiederholungsheilverfahren, Schwerbehindertenausweis, Anschlußheilverfahren oder Wiederholungsheilverfahren bei Altersrentnern und mitversicherten Hausfrauen und vieles andere? Nicht nur die Gruppenteilnehmer und ihre Angehörigen, sondern auch Arzt und Übungsleiter haben in der Zusammenarbeit mit dem Sozialarbeiter die Chance, ihre Ausbildungslücken auf diesem Gebiet wahrzunehmen und zu schließen. In der Gruppe können psychosomatische, somatopsychische und psychosoziale Ursachen, Begleitumstände, Bedingungen und Folgen des Herzinfarktes ganzheitlich betrachtet und behandelt werden.

2.3.6.1. Soziale und Berufsprobleme aus der Sicht des Sozialarbeiters

von Norbert Wrana

Das erste Werkstattgespräch über ambulante Koronargruppen im Jahre 1978 war mit Anlaß, daß ich seither als Sozialarbeiter in regelmäßigen Abständen zu zwei Münchener Gruppen komme. Nach einem knappen Jahr lassen sich für mich im sozialmedizinischen Gespräch zwei Richtungen erkennen:

- Notwendigkeiten der Existenz (medizinische und berufliche Rehabilitation, Berentung, Krankengeld, Arbeitslosenleistungen, Kündigungsschutz usw.) und
- persönlich belastende Faktoren (Sorgen mit dem Partner, Vereinsamung, Angst, Depression, Trauer usw.).

Von der Struktur her unterscheiden sich die beiden ambulanten Koronargruppen sehr: In der ersten Gruppe überwiegen die „Pensionäre", für die es bis auf das Wann und Wie des Wiederholungsheilverfahrens keine ausgesprochenen (im wahrsten Sinn des Wortes!) Probleme zu geben scheint, weder im existentiellen noch im zwischenmenschlichen Bereich.
In der zweiten Gruppe sind fast ausschließlich Berufstätige, die mehr oder weniger fest im Arbeitsbereich integriert oder wieder „am Fußfassen" sind.

Ich will anhand eines Fallbeispieles auf eine Reihe von Problemen und Fragen eingehen, die sich aus der Arbeit mit der zweiten Gruppe ergeben haben, die mir aber auch von meiner Arbeit als Sozialarbeiter in den Herzinfarktgruppen der Klinik Höhenried her bekannt und wichtig sind.

Ein 35jähriger Maschinenbau-Techniker, der bei seinem Schwiegervater als Sanitär-Installateur arbeitet, war „mit ganzem Herzen dabei", also mit enormem Einsatz, nicht nur, weil von Familienmitgliedern mehr gefordert und erwartet wird, sondern weil die Übernahmefrage damit verknüpft war.
Risikofaktoren: Wenig Bewegung, familiärer und beruflicher Streß, Fettstoffwechselstörung Typ II, passagerer Hochdruck 1972, 20 Zigaretten täglich.
Im April 1978 ausgedehnter Vorderwandinfarkt, ohne irgendwelche vorausgehende Herzbeschwerden bei folgender koronarangiographischer Befundbeurteilung (Abb. 10).

Im Akutkrankenhaus, schon von der Intensivstation aus, wurde mit Einverständnis des Patienten ein Anschlußheilverfahren als Leistung der medizinischen Rehabilitation beantragt (§ 1237 RVO/§ 14 AVG). Mit Hilfe der Krankenkasse stellten Krankenhausverwaltung und Krankenhaussozialarbeiter fest, ob ein Anspruch auf eine Anschlußheilmaßnahme bei einem Rentenversicherungsträger oder bei der Krankenkasse bestand. (Wäre unser Patient privatversichert, so wäre bei seiner privaten Krankenversicherung die Zusage für die Kostenübernahme vor Antritt einer ärztlich empfohlenen Anschlußheilmaßnahme herbeizuführen. Wäre er Sozialhilfeempfänger oder hätte er z. B. den Infarkt im Gefängnis erlitten, so könnte über das Bundessozialhilfegesetz die Kostenübernahme erreicht werden.)

Zwischen der Krankenhausentlassung und dem Beginn des Anschlußheilverfahrens sollten übrigens nicht mehr als 14 Tage liegen.

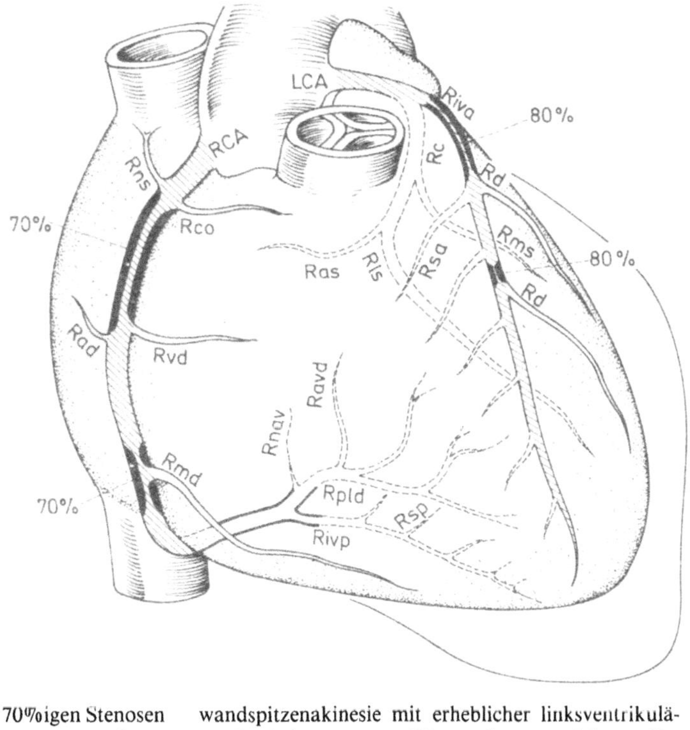

Abb. 10. Zweigefäßerkrankung mit 70%igen Stenosen im Bereich der rechten dominanten Koronararterie sowie zwei etwa 80%igen Stenosen im proximalen Ramus interventricularis-Anteil der linken Koronararterie. Sehr große, nicht scharf abgrenzbare Vorderwandspitzenakinesie mit erheblicher linksventrikulärer Funktionsstörung. Wegen des ausgedehnten Befundes kommen unseres Erachtens operative Maßnahmen nicht in Frage. Die Therapie sollte ausschließlich konservativ erfolgen

Während der Anschlußheilbehandlung wurde, wegen der Ruhe- und Belastungsstenokardie des Patienten, die Frage nach Operationsmöglichkeiten erneut diskutiert und, wie schon im Akutkrankenhaus, aber von einem zweiten chirurgischen Team, verneint. Der Patient wurde arbeitsunfähig auf unbestimmte Zeit aus der Rehabilitationsklinik entlassen.

Jetzt: Angina pectoris-Beschwerden bei jeder Form der Anstrengung, sogar beim langsamen Spazierengehen mit dem zweijährigen Sohn, aber auch, wenn es um Fragen der Arbeitswiederaufnahme geht. Beklemmung und Angst zuzusagen, aber den Erwartungen (eigenen und fremden) nicht gerecht zu werden, Beklemmung und Angst auszusteigen, abzulehnen, sich loszusagen, mit dem unguten Gefühl einer ungeklärten wirtschaftlichen Zukunft. Einerseits anhaltende Betroffenheit beim Patienten und seiner Familie, andererseits bohrendes Drängen, die Arbeit wieder aufzunehmen.

Während der ersten 6 Wochen nach dem Herzinfarkt (z. B. im Akutkrankenhaus) hat Herr A. Lohnfortzahlung von seinem Arbeitgeber erhalten, daran schloß sich Krankengeld als Einkommensersatz in Höhe von ca. 70% des letzten Bruttoverdienstes an. Während des Heilverfahrens erhält jeder Patient vom Kostenträger, hier einer LVA, ein sogenanntes Übergangsgeld. Wegen ein- und derselben Krankheit wird Krankengeld einschließlich Übergangsgeld nicht länger als 78 Wochen innerhalb von 3 Jahren gezahlt. Danach erfolgt die „finanzielle" Aussteuerung, bis ein neuer Krankengeldanspruch „gewachsen" ist. Die Aussteuerung bezieht sich nicht auf die sog. Krankenhilfe, z. B. eine erforderliche ärztliche Behandlung, sondern nur auf das Krankengeld.

Zur „heiligen Zahl" dieser 78 Wochen eine wichtige Anmerkung: Stellen Sie sich vor, ein Infarktpatient hätte seine 78 Wochen Krankengeldbezugszeit knapp ausgeschöpft, ginge wieder zur Arbeit und würde z. B. wegen einer Gelbsucht erneut krank geschrieben. Werden auf der Arbeitsunfähigkeitserklärung der Zustand nach Herzinfarkt und die Hepatitis erwähnt, so ist die Aussteuerung so gut wie sicher! Das bedeutet, daß bei erneuter Arbeitsunfähigkeit ohne Bezug zum Herzinfarkt diese Diagnose nicht erwähnt werden darf, sondern lediglich die aktuelle Erkrankung!

Im Gruppengespräch geht der Patient auf seine Situation und seine Gefühle ein und sagt: „Mein Herz schlägt unruhig, es jagt richtig." Dann nach einiger Zeit: „Ich steige aus dem Familienbetrieb aus! Ich bin über diese Entscheidung sehr froh, aber welche Möglichkeiten habe ich jetzt noch?" und: „Wenn ich an die Zukunft denke, tut mir das Herz wieder weh!".

Für Gruppen- und Einzelgespräch bieten sich nun folgende Überlegungen an:

- Kann, soll und will Herr A. die *Arbeit in seinem Ausbildungsberuf,* in dem er ja seit vielen Jahren nicht mehr arbeitete, nämlich als Maschinenbau-Techniker, wieder aufnehmen?
- Kann, soll und will Herr A. *Maßnahmen der beruflichen Rehabilitation,* z. B. eine Umschulung, erwägen?
- Kann, soll und will Herr A. – sei es bei Wiederaufnahme der Arbeit, sei es bei Umschulung – *die Schwerbehinderteneigenschaft* für sich beanspruchen?
- Kann, soll und will Herr A. sich mit dem Gedanken an eine *Berentung* als letzte Möglichkeit vertraut machen?

Noch besteht Arbeitsunfähigkeit auf unbestimmte Zeit. Ein Wiederholungsheilverfahren in Jahresfrist könnte zur Klärung und Weichenstellung beitragen. Dann die Frage: „Können Sie mir Argumente nennen, damit ich einen künftigen Arbeitgeber überzeugen kann, mich als Infarktgeschädigten anzustellen und mich einem Gesunden vorzuziehen?". Ich konnte es nicht und beschäftigte mich mit dem weiteren Inhalt der Frage. Existenzangst in der heutigen Lage ist ja nur zu verständlich, denn auch der Kranke, der Leistungsgeminderte, muß sich dem Konkurrenzkampf stellen. In einem Gespräch unter vier Augen kam dann die Unsicherheit zutage, die wohl durch das Ablehnen des Familienbetriebes als Chance in Form der Furcht, selbst abgelehnt zu werden, Gestalt annahm. Die Diskrepanz zwischen Selbstwertgefühl einerseits und Gehorsam andererseits, einen von der Familie wohltätig geplanten Weg zu begehen – vor allem dankbar zu begehen – fällt mir als mögliche Interpretation ein. Auch Eigenschaftswörter wie

„herzlich – herzlos“ kommen mir in den Sinn oder die Redewendungen, wie „ich habe herzlos abgelehnt“ – „ich will nicht, daß man mich herzlos ablehnt, abweist“.
Herrn A. waren seine weiteren beruflichen Möglichkeiten nicht klar. Nach § 1237a RVO/§ 14a AVG sind folgende Maßnahmen der beruflichen Rehabilitation grundsätzlich zu diskutieren:

Maßnahmen beruflicher Rehabilitation:
- Maßnahmen der Beratung zur Berufsfindung und -vorbereitung,
- Maßnahmen der betrieblichen Umsetzung,
- Maßnahmen des Anlernens bzw. Einarbeitens,
- Maßnahmen der Vollumschulung, z. B. in einem Berufsförderungswerk.

Hausarzt, Klinikarzt oder Rehabilitationskliniker sollten dem Patienten berufsfördernde Maßnahmen empfehlen und bei Einverständnis des Versicherten auch gleich durch Antragstellung einleiten. Da Herr A. wie jeder Behinderte oder von Behinderung Bedrohte einen gesetzlichen Anspruch auf umfassende Auskunft und Beratung hat, empfehle ich ihm, dazu irgendeinen der Rehabilitationsträger aufzusuchen: z. B. Krankenkasse, Arbeitsamt, LVA, BfA, Unfallversicherungsträger usw.
Die berufliche Rehabilitation (Anlernen und Vermitteln neuer beruflicher Kenntnisse oder Vollumschulung in einen neuen Beruf – sinnvollerweise nur bis zum 40. – 42. Lebensjahr) müßte mehr in das Bewußtsein gerückt werden. Herr A. hätte dadurch die Möglichkeit, sich mit gesetzlicher Hilfe beruflich neu zu orientieren, wenn dies, auch mit Rücksicht auf Befund und Prognose, sinnvoll erscheint. Somit bedeutet das Infarktgeschehen für manche Infarktpatienten die Chance, entweder einen neuen oder überhaupt einen Beruf zu erlernen, falls das Leistungsvermögen für die bisherige Tätigkeit nicht mehr ausreicht. Aber auch bei Gefährdung der Erwerbsfähigkeit können Maßnahmen der beruflichen Rehabilitation schon eingeleitet werden. Herr A. befürchtet zwar nicht, in einen der früheren typischen Behindertenberufe (Bürsten- und Besenbinder, Korbflechter, Weber) gedrängt zu werden, aber er sieht seine Möglichkeiten, sich selbst und der Marktlage gegenüber, unkritisch, unreflektiert im Bürobereich. Er muß verstehen lernen, daß die Richtung der Umschulung einerseits durch die Ergebnisse seines Eignungstests, andererseits durch die marktwirtschaftliche Lage bestimmt wird. Außerdem sichert ihm der Abschluß einer berufsfördernden Maßnahme auch keineswegs einen entsprechenden Arbeitsplatz zu.

Mir schien es zu diesem Zeitpunkt wichtig, daß Herr A. informiert war, sich aber gleichzeitig Zeit nehmen konnte, seine Möglichkeiten zu überdenken und mit Angehörigen und Freunden zu besprechen.

Einige Wochen später: Ein Gruppenmitglied, Frau Z. hat ihren Vorgesetzten gefragt, ob Infarktgeschädigte eingestellt würden. Die Reaktion des Personalchefs war positiv, nur: Frau Z.'s Personalchef war nicht der, der sich für Herrn A. jetzt zu entscheiden hatte! Aber auch Herr A. hatte inzwischen eine neue positive Erfahrung gemacht: Ein früherer Geschäftsfreund, der selbst einen Herzinfarkt erlitten hatte, erklärte sich bereit, Herrn A. in seinem Büro anzustellen. Herr A. traut sich die angebotene Tätigkeit zu, er äußert in der Gruppe sehr bestimmt, daß berufsfördernde Maßnahmen für ihn derzeit nicht aktuell seien. Ermutigt durch den künftigen Arbeitgeber ist Herr A. jetzt auch bereit, die Schwerbehinderteneigenschaft durch das zuständige Versorgungsamt feststellen zu lassen. Bei Herrn A. liegt die für die Ausstellung des Schwerbehindertenausweises erfahrungsgemäß erforderliche Minderung der Erwerbsfähigkeit von mindestens 50 v. H. vor – bei mindestens 30 v. H. hätte sich Herr A. einem Schwerbehinderten gleichstellen lassen können. (Das Schwerbehindertengesetz würde für Herrn A. übrigens auch gelten, wenn er als Ausländer im Geltungsbereich dieses Gesetzes leben würde.)

Die Anerkennung als Schwerbehinderter ist ein häufig wiederkehrendes Thema im Gruppengespräch. Wir diskutieren in der Gruppe mit Herrn A. die wichtigsten Hilfestellungen, die er aus der Anerkennung als Schwerbehinderter erwarten kann:

Wichtige Hilfeleistungen aus dem Schwerbehindertengesetz

1. Relativer Kündigungsschutz: Zustimmung zur Kündigung durch die Hauptfürsorgestelle erforderlich, Kündigungsfrist von mindestens 4 Wochen. Der relative Kündigungsschutz gilt nicht während einer Probezeit!
2. Zusatzurlaub von 6 Arbeitstagen bei mindestens 50 v. H. MdE.
3. Flexibles Altersruhegeld. Voraussetzung: 35 Versicherungsjahre und vollendetes 61. Lebensjahr (1979), vollendetes 60. Lebensjahr (1980).
4. Steuererleichterungen.

Herr A. weiß jetzt auch, daß sein künftiger Arbeitgeber mit ihm als Schwerbehinderten einen gesetzlichen Schwerbehindertenpflichtplatz besetzen und sich somit eine Ausgleichsabgabe von DM 1200,– pro Jahr ersparen kann. (Betriebe mit mehr als 15 Arbeitsplätzen sind verpflichtet, 6% der Arbeitsplätze als sog. Schwerbehindertenplätze auszuweisen.)

In der Praxis erlebe ich, daß die Schwerbehinderteneigenschaft in Mittel- und Großbetrieben eher nützlich ist; verschiedentlich werden Mitarbeiter vom Betrieb angeregt, die Behinderteneigenschaft zu beantragen.

Unter „Stellenangebote männlich/weiblich", Süddeutsche Zeitung vom 24./25. 2. 1979, wurden auch für Bundes- und Landesbehörden Schwerbehinderte gesucht, doch leider für Arbeitsplätze mit Ansprüchen an Qualifikationen: Juristen, Ingenieure und Techniker, Betriebswirte, Buchhalter, Programmierer, Datentypistinnen, Sekretärinnen, Bürokräfte mit Schreibmaschinen- oder EDV-Kenntnissen. Bei ungelernten Arbeitern wird es schwierig: In bestimmten Berufssparten konnten ungelernte Arbeitnehmer mit Schwerbehinderteneigenschaft zwar in Zeiten der Hochkonjunktur unterkommen, während heute manche Arbeitgeber lieber die Ausgleichsabgabe bezahlen und Schwerbehindertenplätze mit „vollwertigen" Arbeitskräften besetzen.

Herr A. hörte auch von anderen Gruppenmitgliedern, daß die Behinderteneigenschaft bei der Arbeitssuche nicht immer hilfreich war: Häufig scheiterte ein anfangs positiv verlaufendes Einstellungsgespräch an der wahrheitsgemäßen Bejahung der Frage nach gesundheitlichen Einschränkungen.

In einem späteren Gruppengespräch berichtete Herr A., daß er noch unter Wehrüberwachung stünde. Er erfährt, daß er dem Kreiswehrersatzamt ein ärztliches Attest über den Infarkt vorlegen muß, damit er nicht zu Wehrübungen einberufen wird.

Inzwischen stehen Herrn A. nur noch knappe 5 Monate Krankengeldbezug zu: Die Aussteuerung steht vor der Tür. Weil er, vor allem in der kalten Jahreszeit, massive Angina pectoris-Beschwerden hatte, suchen Gruppen- und Hausarzt erneut nach einer Operationsmöglichkeit. Diese scheint sich, im Gegensatz zu früher, zu konkretisieren. Um die Existenz der Familie nicht zu gefährden, muß jetzt zusammen mit dem Patienten und den behandelnden Ärzten die Frage einer Zeitrente ernsthaft diskutiert werden. Die geplante Bypass-Operation stellt für Herrn A. ja eine Chance dar, wieder beschwerdefrei und arbeitsfähig zu werden. Herr A. will zwar auch ohne Bypass-Operation vor Ablauf der 78 Wochen wieder eine Arbeit aufnehmen; mit Rücksicht auf seine geringe Belastbarkeit, die wir jede Woche in der Gruppe erleben, befürchten wir aber, daß dieser Arbeitsversuch scheitern wird. Eine Zeitrente soll Herrn A. Zeit geben, in Ruhe die weitere medizinische Abklärung, die Operation und die postoperative Heilmaßnahme auf sich zukommen zu lassen, ohne die wirtschaftliche Existenz der Familie zu gefährden. Die Zeitrente wird bei erstmaliger Bewilligung längstens für die Dauer von 3 Jahren gewährt, sie kann wiederholt, jedoch nicht über die Vollendung des 60. Lebensjahres hinaus, verlängert werden. (Aus: „Informationsreihe Rentenversicherung, Heft 3, Ausgabe 1979".)

Gefühlsmäßig wehrt sich Herr A. noch gegen eine Rentenantragstellung „auf Zeit", sie ist für ihn mit einer Disqualifizierung in jungen Jahren verbunden. Im letzten Einzelgespräch war das Prozedere des Rentenantrages inhaltsbestimmend. Ich weiß, daß noch eine Reihe anderer Gespräche in der Gruppe und unter vier Augen notwendig werden, um gemeinsam diese Schritte theoretisch und praktisch zu tun. Wenn es zur

Operation kommt, wird es für uns in der Gruppe eine Aufgabe sein, den Weg zur Operation und die Zeit danach mitzugehen, mitzuerleben.

Weil wir die Möglichkeiten der Rehabilitation – medizinisch wie beruflich – haben, sollte nach meiner Erfahrung die Rentenfrage im Akutkrankenhaus sehr zurückhaltend angegangen werden. Immer wieder erlebte ich, daß dem Infarktkranken dort schon Berufsaufgabe und Berentung vorgeschlagen wurden. Dabei bestand kaum eine Vorstellung von der tatsächlichen Berufssituation; außerdem ist der Krankengeldbezieher (für 78 Wochen!) in der Regel finanziell besser gestellt, als er es mit einer Berufs- oder Erwerbsunfähigkeitsrente wäre. Ist es beim Patienten erst zu einer Fixierung auf die Rente gekommen, so ist jeder Versuch einer Rehabilitation sehr erschwert.

Ich habe nur einen kleinen Ausschnitt aus der Gesamtsituation von Herrn A. schildern können, bei dem ein neues Heilverfahren bevorsteht. Hierbei wird sicherlich zur Frage der Operation und der Berentung noch einmal Stellung genommen werden. Herr A. ist jetzt motiviert, mit den Ärzten eine Klärung herbeizuführen.

Auch bezüglich der gesetzlichen Möglichkeiten zeigt meine Falldarstellung nur einen Ausschnitt.

Zum Schluß noch zu meiner Situation als Sozialarbeiter in einer ambulanten Koronargruppe: Je vertrauter wir miteinander umgehen können, um so mehr können wir gemeinsam und voneinander lernen. Weil die Teilnehmer der ambulanten Koronargruppe mir Alltagsrealität anbieten, kann ich auch wirklichkeitsnäher in den Infarktgruppen in der Klinik Höhenried, in der ich tätig bin, informieren. Die Gruppen sind keine heile Welt oder eine rettende Insel einmal in der Woche, sie können aber eine „ernste Spielwiese" sein, um gemeinsam weiterzukommen, wenn jeder seine Fähigkeiten einbringt. Ich weise in diesem Zusammenhang auf die Anonymen Alkoholiker hin, die sich auf Grund ihrer gemeinsamen Krankheits- und Schicksalserfahrung gegenseitig helfen. Der Schritt zur Selbsthilfegruppe steht aus der Sicht des Sozialarbeiters auch für die ambulanten Koronargruppen an.

3. Zusätzliche Angebote („Mitseins-Therapie")

Abgesehen von den wöchentlichen Treffen mit relativ gleichbleibendem „Programm" ereignen sich in den meisten Gruppen in lockerer Reihenfolge „außerplanmäßige" gemeinsame Unternehmungen.

> Bei miteinander vertraut gewordenen Gruppenteilnehmern besteht ein großes Bedürfnis nach gemeinsamem Tun und Erleben nach dosierten Kontakten auch außerhalb der institutionalisierten Koronargruppenveranstaltung.

Gruppentreffen ehemaliger Patienten der Klinik Höhenried ergaben eine mögliche Erklärung für dieses Bedürfnis: Vor allem die Frauen der Infarktpatienten schilderten, wenn sie in Frauengruppen allein zum Gespräch zusammengefaßt waren und ihrem Herzen Luft machen konnten, wie bedrückend der Verlust früherer Freunde und Bekannter durch oder nach dem Herzinfarkt sei. Die ärztlicherseits erwünschte und angestrebte Änderung der Lebensgewohnheiten führe zu einer schwer erträglichen, zusätzlichen sozialen Isolierung, wenn der Infarktpatient nicht mehr wie früher „Mit"-Essen, -Trinken und -Rauchen könne und keiner der Arbeitskollegen auf den Sportplatz mitkäme.

Hier bietet die Koronargruppe eine Möglichkeit, die auch von vielen Gruppenleitern genutzt wird. Das Angebot reicht von Bürstenmassagen, Saunaabenden, (Rad-)Wanderungen, Sportrudern, Tanzstunden, über Besichtigungen, Feiern und Feste, einer Art Stammtisch mit den Ehefrauen bis hin zu gemeinsamen Freizeitbeschäftigungen, wie Photographieren, Zeichnen oder Malen.

Zwei Fragen sind zu diskutieren:

1. Wie ist der Wert dieser, für das Therapeutenteam aufwendigen „Mitseins-Therapie" für den Patienten einzuschätzen? Stehen Aufwand an Engagement und Nutzen solcher Unternehmungen, z. B. im Bereich der Gesundheitserziehung, der informellen Information,

der Motivation zur Lebensneuorientierung in einem sinnvollen Verhältnis?

Ein zentrales Problem aller Ärzte, die sich mit Gesundheitserziehung auseinandersetzen, ist das der eigenen Vorbildlichkeit und existentiellen Glaubwürdigkeit. Kann der Arzt Lebensstil und edukatorischen Auftrag in seiner Person nicht zur Deckung bringen, so gerät auch er in eine „kognitive Dissonanz", eine Diskrepanz zwischen Einsicht, Wollen und Können, die er häufig durch „Pseudo-Alibis" und durch scheinbare Rationalisierung zu entschärfen sucht. Im Gegensatz dazu geht der Wegweiser „Arzt" beim gemeinsamen Wandern, bei der Bewegungstherapie, unter die Dusche, in die Sauna mit. Er ist ein lebendiges Beispiel und doziert nicht nur mit erhobenem Zeigefinger, sondern übt mit den Patienten Alternativen zu bisherigen Lebensgewohnheiten und Verhaltensweisen ein. Er übernimmt die Funktion eines gesundheitlichen Rollenmodells für Patienten, die bisher noch keine gesundheitliche Rollendefinition entwickelt hatten, oder sie nach einem akuten Ereignis (z. B. nach einem Herzinfarkt) neu entwickeln müssen.

2. Was bedeutet diese therapeutische Erfahrung, die in Klinik und Praxis, aber auch z. B. in der klassischen Psychoanalyse unüblich ist, für die Therapeuten?

Es handelt sich zweifellos um eine Grenzüberschreitung, wenn wir unsere beruflichen Rollengrenzen in traditioneller Weise sehr eng stecken. Dann bedeutet schon die ambulante Koronargruppe eine Öffnung der Medizin, die wir gelernt haben, in den ökologischen, interdisziplinären Raum. In der Koronargruppe wird uns ein Rollenselbstverständnis, das rein pathogenetisch orientiert ist (Krankheits-Ursachen-bezogen) und den Arzt – überspitzt formuliert – als „Diagnostiker und Kurator pathologischer Befunde" definiert, nicht befriedigen. Die Koronargruppe ist hygiogenetisch orientiert (Gesundheits-Ursachen-bezogen), und die Therapeuten müssen sich mit ihrer Rolle als Gesundheitserzieher, Sozialarbeiter, Psychotherapeuten und – vielleicht säkularisierter – Seelsorger auseinandersetzen. Die wöchentliche „Einübung in Weite" läßt berufliches Ritual überflüssig erscheinen und kann zu vermehrter beruflicher Authentizität und Kreativität führen. Andererseits birgt der Verlust der Rollensicherheit auch das Risiko des Mißlingens in sich. Spätestens unter der Dusche rücken wir aus der realen oder phantasierten technologischen Allmachtsstellung heraus, einer Rolle, die Ärzten heute weithin von der Gesellschaft und den Patienten zugeschrieben wird: eine Rolle, die Ärzte oft mit hoher Handlungs-Effizienz übernehmen, indem sie sich kritiklos mit den Erwartungen der Patienten und der Gesellschaft identifizieren. Reale und phantasierte Rollen entwickeln sich oft komplementär: Die Pflichten und Rechte der Rollenträger ergänzen sich. Die Komplementär-Rolle zur technologischen Allmacht des Arztes in einer technisierten Medizin ist die der Ohnmacht des Patienten.

In der ambulanten Koronargruppe geben Ärzte freiwillig etwas ab, nämlich das ihnen zugeschriebene „überhöhte Sozialprestige", die „aggressive Dominanz" und „reale Macht", Begriffe, aus denen die Dynamik der Arzt-Patienten-Beziehung zu ersehen ist. Diese Realität erscheint mir so wichtig, daß ich dem gemeinsamen Nachdenken darüber noch weiteren Raum geben möchte.

3.1. Exkurs über Patientenerwartungen an die Gruppe

Für ärztlichen Leiter und Übungsleiter sind nicht nur objektive Parameter von Bedeutung, die sich unter dem Einfluß einer ambulanten Koronargruppe ändern, wie Rauchverhalten, Gewicht und ergometrisch dokumentierte Leistungsfähigkeit u. a., sondern es stellt sich auch die Frage nach den Erwartungen der Patienten und nach dem, was sie subjektiv als Ergebnis der Teilnahme an der ambulanten Koronargruppe empfinden. Das Gespräch darüber fand themenzentriert in der Gruppe statt, analytisch-orientiert in Einzelgesprächen und im Sinn eines nondirektiv geführten Anfangsgespräches mit 58 potentiellen Teilnehmern, die aus anderen Münchner Krankenhäusern kamen und mit uns Kontakt suchten.

Gemeinsamer Ausgangspunkt für die Patienten war die Umbruchsituation, in der sie sich nach dem Herzinfarkt befanden und aus der ein Bedürfnis nach gesundheitlicher Neuorientierung bzw. Neugestaltung des eigenen Lebens resultierte. Bewegungstherapie und Sport wurden als wichtiger Teilfaktor dieser Neuorientierung gesehen, dabei stand im Vordergrund der Wunsch nach Erhaltung und Wiederherstellung der körperlichen Funktionsfähigkeit und des Wohlbefindens, dahinter aber auch die Hoffnung, einen Reinfarkt oder plötzlichen Herztod verhüten oder weit hinausschieben zu können, und „wieder ganz gesund zu werden". Aber auch die Vorstellung, daß man lernen könne, mit seiner Krankheit und den notwendigen Medikamenten richtig umzugehen, wurde geäußert, ebenso daß es mit Hilfe der Bewegungstherapie leichter sein müsse, mit den Risikofaktoren „fertigzuwerden". Vor allem bei Gesprächen mit Neulingen wurden Wünsche und Erwartungen in Richtung auf Information, Anleitung, Richtungsweisung deutlich.

Gruppengespräche von retrospektivem Charakter zur Frage, welche Erwartungen erfüllt worden seien und wodurch, und was man als Ergebnis der Teilnahme empfinden würde, gaben ein etwas anderes Bild: da wurde die bessere Leistungsfähigkeit begrüßt „und daß man jetzt weiß, was los ist", die größere Sicherheit im Umgang mit Symptomen und Medikamenten, die Erfolge bei der Gewichtsreduktion und beim Nichtrauchen. Von ebenso großer Bedeutung war jedoch der Kontakt mit gleich Betroffenen in der Gruppe, „so wie ihr versteht einen ja doch keiner, der das nicht durchgemacht hat". Man freute sich von Woche zu Woche auf das Wiedersehen in der Gruppe und auf das gemeinsame Tun. Für einige Teilnehmer schien die Gruppe eine geradezu zentrale Bedeutung zu haben. Andere nannten die freundliche Atmosphäre, die einfachen Umgangsformen, den lockeren Ton miteinander und auch mit den Gruppenleitern, die Offenheit und Zugewandtheit der Teilnehmer: sie hatten Vertrauen entwickelt, Emotionalität gespürt und den Ausdruck eigener Gefühle gewagt. Die zwanglose Atmosphäre, die Entlastung von sozialen Rollen und Rollenzwängen wurde begrüßt. Mit einigen Improvisationen hat man sich abgefunden – „das muß doch gar nicht alles perfekt sein" –, weil man sich von der Gruppe angenommen und darin eingebettet fühlte. Immer wieder wurde betont, daß die Teilnehmer sich weniger allein, vereinsamt, isoliert fühlten, weniger hilflos, weil sie es gelernt hatten, sich ein Stück weit selbst besser zu helfen. Angst und Depressionen, früher dumpfbeängstigend und unaussprechbar, waren relativiert: „Das hat ja jeder nach dem Infarkt"! Das Gruppengespräch hatte vielen Teilnehmern Einsichten über sich selbst und den Partner vermittelt, sie hatten es gelernt, sich und den anderen besser zu verstehen, und hofften nach dieser neuen Einsicht handeln zu können. Sie hatten vielfach auch gelernt, ihre Ängste und Bedürfnisse erstmals auszusprechen, aber auch positive Gefühle (z. B. dem Partner gegenüber) zu äußern. Einige (wenige) Teilnehmer äußerten spontan, daß es ihnen jetzt, nach dem Infarkt, besser gehe als zuvor; dabei bezog sich diese Aussage in einigen Fällen auf den körperlichen Bereich, z. B. auf Körpergewicht und Leistungsfähigkeit, manchmal aber auch ausdrücklich auf den psychosozialen Bereich. Auch wenn ein Teil der Aussagen unter dem Etikett „sozial erwünscht" eingeordnet werden muß, scheint es ein zwar weiter, aber sehr sinnvoller Weg zu sein, in Gruppen- und Einzelgesprächen von den „ich-fernen" Fragen und Informationen, z. B. nach der Dosierung von Nitrokörpern, bis zum „ich-nahen" Gespräch über Lebensängste und Versagensgefühle, Lebens-Dankbarkeit und Glück – trotz des Infarktes!

4. Änderungen im Rollenverständnis von Ärzten und Patienten

Aus der unvoreingenommenen Beobachtung ambulanter Koronargruppen in der Bundesrepublik möchte ich die Hypothese wegen: Ambulante Koronargruppen setzen ein neues Rollenverständnis bei den betreuenden Ärzten voraus und führen darüber hinaus zu einer Rollenerweiterung von Ärzten, Primärtherapeuten und Patienten. Damit könnten ambulante Koronargruppen, weit über die Zielgruppe des Infarktpatienten hinaus, Modellcharakter für eine (kostendämpfende), effiziente und effektive interdisziplinäre Gruppenbehandlung chronisch

Kranker haben. Da ambulante Koronargruppen somatische und psychosoziale Aspekte in der Therapie chronisch Kranker integrieren, könnte diese semiprofessionelle Organisationsform eine große Bedeutung in der Medizin der Zukunft gewinnen. Ihre Entwicklung kommt nicht nur den Bedürfnissen der großen Zahl von Infarktkranken entgegen, sondern den im Wandel befindlichen therapeutischen Bedürfnissen von Ärzten. So zeigten zwei Untersuchungen aus den Jahren 1971 und 1976 an Hamburger Ärzten eindeutige Einstellungsveränderungen bei diesen in Richtung auf mehr „Patientenzentriertheit", die sich ja gerade in der ambulanten Koronargruppe realisieren läßt. Die betrachteten Faktoren waren: ärztliche Autorität, Beurteilung des Patienten, emotionale Aspekte in der Arzt-Patienten-Beziehung, Kommunikation in der Arzt-Patienten-Beziehung und Kritikempfindlichkeit. Noch 1970 galt für die 800 befragten Hamburger Ärzte folgende Feststellung:

- Ärzte lehnen das Modell von Patienten als fachkundigen Gesprächspartnern überwiegend als nicht praktikabel ab. Ärztliche Autorität wiederum erscheint als unumgängliche Voraussetzung einer erfolgreichen Berufsausübung.
- Ärzte sehen sich als eine übermächtige Autorität, denen der Patient die Initiative überläßt.

Zwischen 1971 und 1976 haben sich nun Einstellungsänderungen bei Ärzten ereignet, die günstige Ausgangsbedingungen für ein ärztliches Engagement in ambulanten Koronargruppen darstellen. Diese Einstellungsveränderungen lassen sich folgendermaßen zusammenfassen:

- Insgesamt wird 1976 weniger der Aspekt „Ärztliche Autorität" betont. Diese Veränderung zeigte sich hauptsächlich bei den Klinikärzten.
- Negative Einschätzungen des Patienten, insbesondere des medizinisch vorgebildeten, sind seltener feststellbar. Dies trifft besonders für niedergelassene Ärzte zu.
- Kommunikation über ärztliche Maßnahmen wird 1976 deutlich häufiger als notwendig und zumutbar für den Arzt genannt.
- Ärzte sind jedoch eher kritikempfindlich bzw. leichter verletzbar geworden. Dies gilt insbesondere für niedergelassene Ärzte (Koch u. Grippain 1978).

Betrachtet man das Phänomen der zwischenmenschlichen Arzt-Patienten-Beziehung nicht unter der Vorstellung, daß sie hauptsächlich davon abhängt, was der Arzt tut, denkt oder fühlt, und daß die Beziehung des Arztes zum Patienten per se dem letzteren hilft, so ist von den drei Basismodellen der Arzt-Patienten-Beziehung in der ambulanten Koronargruppe nur das dritte Modell, das der gegenseitigen Beteiligung gültig. Es gewinnt aber nicht nur in der ambulanten Koronargruppe, sondern auch in der Sprechstunden- und Krankenbett-Medizin zunehmend an Bedeutung. Basismodell der Arzt-Patienten-Beziehung (nach Szasz u. Hollender 1955):

1. Aktivität – Passivität

Rolle des Arztes: er tut etwas in Richtung auf den Patienten.
Rolle des Patienten: er empfängt etwas.
Klinisches Modell: Narkosebehandlung, Behandlung bei akuter Verletzung, Koma, Delirium usw.
Prototyp des Modells aus psychologischer Sicht: die Eltern-Kind-Beziehung bei Kleinkindern und Säuglingen.

2. Führung durch Beratung – Kooperation

Rolle des Arztes: er sagt dem Patienten, was zu tun ist.
Rolle des Patienten: er kooperiert (gehorcht).
Klinisches Modell: akute Infektionskrankheiten.
Prototyp des Modells aus psychologischer Sicht: Eltern-Kind-Beziehung bei Heranwachsenden.

3. Gegenseitige Beteiligung

Rolle des Arztes: er hilft dem Patienten, sich selbst zu helfen.
Rolle des Patienten: er ist Partner und nimmt Expertenhilfe in Anspruch.
Klinisches Modell: „Behandlung" der meisten chronischen Krankheiten, auch Psychoanalyse.
Prototyp des Modells aus psychologischer Sicht: die Erwachsenen-Erwachsenen-Beziehung.

Zweifellos ist die Erwachsenen-Erwachsenen-Beziehung zu Patienten für viele Ärzte ungewohnt und daher unbehaglich (wenn nicht angstauslösend) und mühsam. Partnerschaft mit mündigen Patienten erfordert nicht nur vom Arzt manche Änderung in Einstellung und Rollenverständnis, sondern auch vom Patienten. Wenn aber Rehabilitation die Personalisation und Sozialisation von Behinderten, also die Mensch- und Mitmensch-Werdung Behinderter zum Ziel hat (Halhuber 1979), dann könnte unter diesem Aspekt die ambulante Koronargruppe auch zur Personalisation und Sozialisation der Therapeuten modellhaft beitragen.

Additional material from *Rehabilitation in ambulanten Koronargruppen,*
ISBN 978-3-662-40584-0, is available at http://extras.springer.com

Schlußwort

Wenn in diesem Teil 2 Themen erörtert wurden, die erfahrungsgemäß in der beruflichen Aus- und Fortbildung von Ärzten vernachlässigt werden, so setzt der Teil 3 diese „Tradition" fort. Fragen der praktischen Organisation von ambulanten Koronargruppen werden im Detail erörtert, auf die wir Ärzte nicht vorbereitet sind. Dabei sind es Probleme, die nicht nur bei der Neugründung von ambulanten Koronargruppen aktuell werden. Das Inhaltsverzeichnis dieses 3. Teiles informiert über die Spannbreite der erörterten Problemkreise.

Sachverzeichnis

GPSR Compliance

The European Union's (EU) General Product Safety Regulation (GPSR) is a set of rules that requires consumer products to be safe and our obligations to ensure this.

If you have any concerns about our products, you can contact us on ProductSafety@springernature.com

In case Publisher is established outside the EU, the EU authorized representative is:

Springer Nature Customer Service Center GmbH
Europaplatz 3
69115 Heidelberg, Germany

Batch number: 10844827

Printed by Printforce, the Netherlands